조영식과 민간외교

조영식과 민간외교

| 하영애 지음 |

UN에 민간 외교관 조영식의 조각상 건립을 제의한다.
한 사람의 꿈이 만인의 꿈으로 실현되기를 염원하며…

저자 서문

'보석은 갈고 닦지 않으면 빛이 나지 않는다'는 속담처럼, 세계적 인물, 평화 챔피언, 한국의 손문(孫文, 중국의 국부로 칭송됨)으로 불리고 있는 조영식이라는 보석에 대해 다시 한 번 감탄의 마음을 이곳 뉴욕에서 갖게 된다.

특히 조 박사의 아래의 글은 그가 얼마나 만물에 대해 크게 보고 깊게 사고하고 또한 철학적·역사적으로 인식하고 있는가를 알게 한다. 그는 말하기를, "도대체 나는 누구이며 어느 곳에서 어떻게 여기에 왔다가 또 무엇을 위하여 삶의 여정을 걸어나가고 있으며 결국에는 어느 곳을 향해 가고 있는 것일까?".

아! 학원장님, 당신이 묵으셨던 유엔 본부 바로 앞의 'ONE ON UN NEW YORK'에서 새벽 4시에 당신의 이 시를 읽으며 회한의 눈시울을 적십니다.

제 61차 CSW(Commission on the Status of Women, 세계 여성지위 위원회) 회의가 뉴욕에서 3월 13일부터 24일까지 개최되었다. 필자는 12일부터 17일까지 일정으로 여성의 정치리더십 발표 차 참석하면서 한편은 조영식의 민간외교에 대해 뉴욕에서 마무리 탈고 작업을 하던 중 이 글귀를 읽고 나도 모르게 감탄과 함께 목이 메었다.

한 사람이 어떻게 이렇게 많은 사람을 만나고 이렇게 많은 곳을 직접 방문하고, 사색하고 이론화하고 또한 그것을 실천에 옮겼는지

실로 감탄할 뿐이다.

그가 걸어왔고, 추진했고, 이루어 온 발자취인 민간외교를 고찰해 보고자 한다. 그것은 교육외교, 문화외교, 평화외교로 분류해볼 수 있으며 또한 각 국가와의 민간외교로도 고찰할 수 있다. 미국·유엔 과의 민간외교, 영국, 구소련, 대만, 일본, 중국 등 각 국들을 구분하여 고찰해 본다.

저자는 최근 조영식의 발자취를 찾아 그가 방문했던 중요한 국가를 다녀왔다. 평화외교의 근거가 되었던 미국 유엔을 2017년 3월 12일부터 17일까지, 교육외교의 근거가 되었던 영국 옥스퍼드대학을 금년 2월 10일부터 11일(유럽일정의 10일 중)에 다녀왔다. 그리고 인류복지의 이상구현을 위해 B.A.R 사회를 기획했으며 '눈부신 민간외교'를 이룬 일본을 2016년 2월 22일부터 24일까지 다녀왔다. 그러나 그의 민간외교의 자료를 찾고 정리하면서, 무엇보다 생생하고 생동감 넘치는 내용과 학문적 연구를 위해서는 조영식에 관해 출판된 "인간 조영식 박사 101인집"과 "Global Leader With Great Vision" 두 책을 많이 참고하고 인용하기로 했다. 왜냐하면, 이들 내외국인들은 조영식의 민간외교에 함께 기획하고 참여하고 실천했던 장본인들이기 때문에 그분들의 내용을 최대한 반영하는 것이 중요하다고 생각했다. 때문에 부분적인 제목과 내용도 인용하였다.

제1부는 민간외교의 이론적 배경이다.

이에 관해서는 민간외교의 이론적 배경과 조영식의 개인 프로파일을 다루었으며, 제2부는 조영식과 세계 각 국가와의 민간외교를 고찰하였다. 제1장은 미국·UN과의 민간외교, 제2장은 영국과의 민간외교, 제3장은 구소련과의 민간외교, 제4장은 대만과의 민간외교, 제5장은 일본과의 민간외교, 제6장은 중국과의 학술 및 사회교류를 통한 민간외교로 정리해 보았다.

조영식은 세기의 지식인들, 사상가 및 학자들, 그리고 세계적 정치지도자들과 교류하고 대화하면서 그 결과물을 선언서로 채택하여 각 국가의 정책에 반영하는 등 민간외교를 위한 각고의 노력을 한 인물이다. 불굴의 의지력을 가지고 많은 일을 기획하고, 조직하고, 실천하는 조영식의 발자취를 통해, 민간외교의 실천방안을 고찰, 분석하는 것은 인류복지사회를 위한 민간외교의 연구영역에 중요한 시사점을 제공할 수 있을 것이다.

제3부는 조영식이 이룬 민간외교의 업적과 평가이다.

그가 이룬 민간 외교의 업적은 크게 두가지로 구분하였는데, 해외 각국을 통해 이룬 민간외교와 조영식의 민간외교가 대한민국에 가져온 영향으로 고찰하였다. 해외 각국을 통해 이룬 민간외교의 업적으로는 국제평화연구소의 설립과 주요역할, 미주에서 빛난 민간외교의 결실로서 인종화합을 다루었고, 세계의 중요한 국제회의에서 중추적 민간외교의 역할수행이다.

조영식의 민간외교가 대한민국에 가져온 영향으로는,

세계대학총장회의의 회장으로 민간외교를 통한 한국의 국격향상, 평화의 실천으로 한국의 UN가입에 직간접의 영향, 그리고 이산가족의 상봉으로 통일 민간외교의 물꼬를 텄다.

조영식이 이룬 민간외교의 평가는 다섯 가지로 구분할 수 있다. UN과 IAUP를 통한 교육외교의 성과, 평화외교가 이룬 결실, 기조연설, 결의문, 선언문 채택과 각 국 정책수립에 기여 그리고 만인이 추앙하는 국제주의자로서 그의 다양한 공적을 볼 수 있었다. 조영식 박사가 수많은 불굴의 활동을 펼칠수 있는 저변에는 인간애, 조국애, 인류애가 있었다. 특히 그는 언젠가는 남북한이 통일 되어야한다는 강한 조국사랑이 있었다.

당시 한국은 '유엔에 미가입 상태', '국민소득 200불 미만의 빈곤국가', '3.8선 분단국가' 등의 여러 가지 어려움이 있었다. 그럼에도 불구하고 한국의 국격을 향상시키고 국제평화에 공헌해 온 '무관직 민간외교관'의 길을 걸어온 그에게 필자는 '조영식 평화기념탑과 조각상 건립'을 제의한다. 한사람의 꿈은 꿈에 불과 하지만 만인의 꿈은 실현될 수 있다. 바라건대, 그 장소는 유엔본부 앞의 '루즈벨트 섬(Roosevelt Island)' 이나, 그가 그토록 사랑한 유엔본부 안의 작은 정원이면 더욱 바람직 할 것이다.

이 책의 출간을 위해 도와준 남편 백건표에게 감사한다. 토 일요일도 예외 없이 거의 매일 밤 11시경에 연구실 앞에 차를 세워두고 아내를 기다리며 격려해주는 그에게 나는 그저 더 열심히 노력하는 것이 감사를 전하는 길이라고 생각한다. 특히 손재식 전 통일원 장관님께서는 평화복지대학원 원장으로 필자와 함께 10여년의 재직기간은 물론이며 항상 필자를 지도편달 해주셨으며 다망하신 중에도 추천의 글을 써주심에 존경과 커다란 감사를 드린다. 또한 원고정리며 교정을 도와준 최성현과 진싱에게도 고마움을 표한다. 그리고 한국학술정보 채종준 대표와 관계자분들에게도 감사를 전한다.

끝으로 故 조영식 박사님의 연구에 더욱 매진하고자 다짐하며, 추모 5주기에 작은 책을 바친다.

2017. 4. 20.
후마니타스칼리지 연구실에서
저자 하영애 씀

추천의 글

　외교는 국가 간의 문제를 평화적으로 해결하거나 나라와 인류의 공존공영을 도모하는데 필요 불가결한 수단이다. 말할 나위도 없이 무력이나 전쟁을 통해서 분쟁을 해소하는 것 보다는 대화와 협상을 통해서 평화적으로 푸는 것이 바람직하다.

　따라서 대량파괴와 살상을 초래하는 무력행사는 어디까지나 마지막 수단이 되어야 하고 최소한도에 국한되어야 한다. 의사소통과 설득과 타협을 내실로하는 외교가 중요한 이유가 바로 여기에 있다. 외교는 본래 공권력과 고도의 책임을 지니는 정부와 정부 간의 대화와 협상을 의미하였으나 민주주의가 발전되고 시민사회가 성장하면서 민간인에 의한 외교적 활동이 적극화되었고 정부외교를 보완하고 뒷받침하는 역할을 하기에 이르렀다. 특히 기업인, 교육자, 종교지도자, 언론인, 법조인, 사회운동가들 중에서 국제기구와 정부기관의 외교목표를 달성하는데 도움을 주거나 견인역할을 하는 인사들이 증가해왔다.

　고인이 되신 조영식 선생님은 탁월한 사상가이자 교육자로서 또한 정열적인 평화운동가로서 민간외교에 혁혁한 업적을 쌓은 거목과 같은 존재였다. 혹은 UN과 그 산하단체와 같은 국제기구를 상대로, 혹은 강대국 등을 포함한 많은 국가들을 대상으로 폭 넓은 설득활동을 전개하였는데 코스타리카 정부와 각국의 주 UN대사들을 움직여 UN으로 하여금 세계평화의 날과 해를 제정하게 한 것을 비롯하여 매년 국제평화 회의를 개최하여 참석한 전·현직 UN고위 인사들과 여러 정부 수뇌 급 인사들을 상대로 평화외교를 펼친 것이라던가 미국, 중국, 일본, 러시아, 인도, 이란, 필리핀, 태국, 대만, 노르웨이, 알제리와 중남미 국가들을 방문하여 전쟁 없는 평화세계의 구현방안을 역설하여 공감을 자아내게 한 것은 민간평화외교의 좋은 수범이 되는 사례라 할만하다. 뿐만 아니라 세계 NGO대회를 주최하여 참석한 일부 국가의 정상급인사들과 국제NGO의 대표들에게 평화의 비전과 방략을 제시하여 호응을 받은 것이나 국제 밝은 사회운동과 남북한 간 일천만 이산가족 재회운동의 일환으로 많은 요로 인사들을 상대로 한 접촉활동을 전개한 것도 민간 평화외교의 일종으로 포함시킬만하다. 이 밖에도 조영식 선생님의 평화외교활동은 여기에 일일이 매거할 수 없을 만큼 많으므로 지면상 제약으로 더이상 저술하지 않기로 한다.

착실한 학자이자 열성적인 사회운동가인 지원 하영애 교수는 '경희대학교 인류사회재건연구원 교수, 평화복지대학원 삼정서원장, 밝은 사회 한국본부 여성부장, 서울클럽회장'으로서 오래 동안 계속된 목요 세미나와 수많은 대담, 그리고 현장 활동 등을 조 선생님과 함께 함으로써 조 선생님의 사상과 실천 활동을 익히 알게 되었고 이에 관한 여러 권의 저술을 출판하여 왔으므로 체계적으로 많은 참고가 될 것으로 생각한다. 이 귀한 책이 부디 여러 사람들에게 읽히여 민간차원의 평화운동을 활성화 하는데 값진 길잡이가 되기를 바라마지 않는다.

2017년 5월
통일한국포럼회장
제10대 통일원장관
손 재 식

목차

제1부

민간외교의 이론적 배경

1. 서론

한 사람이 만날 수 있는 사람의 수와 한 사람이 다닐 수 있는 국가는 얼마나 될까? 지금도 아닌 이미 50년 전부터 조영식은 수 십개의 국가를 탐방하고 헤아릴 수 없이 많은 사람들을 만났다. 오대양 육대주를 동분서주하며 일궈온 눈부신 민간외교의 주인공, 조영식의 발자취를 고찰해 본다.

조영식은 세계의 사람들, 동서양을 막론하고 수많은 사람들을 만나고 대화하고 교류하였다. 그는 미국, 영국, 중국, 모스크바, 인도, 대만 등 최근까지 100여 개의 국가를 탐방하고 헤아릴 수 없이 많은 국가를 탐방하였다. 왜 그는 그토록 수많은 국가를 방문하였을까? 왜 그는 '세계대학총장회의' (The International Association for University Presidents: 이하 'IAUP')를 발족했을까? 전쟁방지와 미래 지도자들의 평화교육을 배양하기 위해서 일 것이다. 베를린 장벽의 축성과 쿠바의 미사일 사태가 미소 양대 초강국 간의 아마게돈 전쟁을 향한 어두운 그림자로 상징되던 1960년대 초에 조 박사는 세계적인 평화교육의 중요성을 깨닫고, 세계 고등교육 기관들의 상호협력과 교류의 목적을 가진 이 IAUP를 창립했다.

조영식은 열정적으로 일하는 사람이다. 어떠한 국제적인 일이나, 세미나, 기조연설 등에 대해서도 사색하고, 기획하고, 철저히 준비하고 그리고 실천에 옮긴다. 때로는 식사할 겨를도 없이 일에 빠진다. 이러한 그를 두고 주위에서는 그렇다고 쌀이 나오는 것도 아니고 연탄이 나오는 것도 아닌데 하는 안타까운 마음을 갖기도 한다. 그는 그 길을 위해 태어났고 '무관직 외교관'으로서의 역할을 묵묵히 추진해 나갔다. 무엇보다도 그는 인류사회의 평화와 복지를 위해 직접 발로 뛰며 노력했다고 할 수 있다.

본 연구에서는 유엔을 중심으로 한 미국, 영국, 모스크바, 대만, 일본 그리고 중국을 중심으로 그의 민간외교를 연구해보고자 한다.

조영식은 한 사람의 민간인으로서 개인적으로 수많은 국가를 방문하고, 세계의 석학들을 만났으며 이들을 창조적으로 설득하여 인류사회의 제 문제와 인류의 복지를 논의하고, 기획하고, 실천함으로서 민간인이, 민간외교가 가질 수 있는 가장 효과적이고 빛나는 업적들을 이루어 내어 정부관계자들까지 놀라게 한 민간외교의 산증인이었다.

뒤늦은 감이 있으나 조영식이 이룬 민간외교에 대해 그가 펼친 민간외교의 과정을 고찰해보고, 민간외교로서 이룬 결과는 무엇인가를 고찰해보고자 한다.

2. 이론적 배경: 외교와 민간외교 – 교류, 방문, 만남

외교(Diplomacy)의 개념은 국가 간의 교섭으로 정의할 수 있으며 이는 외교정책과 교섭담당자와 교섭방식의 세 요소로 구성된다고

할 수 있을 것이다. 전통적인 외교이론에 의하면 외교정책은 최고
통치자(국왕-내각-의회)에 의하여 국익을 기준으로 형성되며 일단
형성된 외교정책의 실현을 위하여 수단과 방법의 단계에서 교섭의
담당자는 대사, 공사 등의 외교관이 중심이 되며 교섭방식은 평화적
방법이 목표가 되어왔다. 이러한 이론은 최고통치자의 매개 역할을
통하여 국민의 이해가 국가의 이해와 일치한다는 가정이 성립되고,
전쟁과 평화의 구별이 명확하며, 외교교섭이 외교관 개인의 재능과
수완에 좌우되던 단순사회에서만이 가능하였던 이론이라고 할 수
있다.[1] 그러나 과학의 발달과 사회적 조직의 이해관계가 다원화함
에 따라 국가의 이익과 사회의 이익 사이에는 균열이 생기게 되었
다. 그 후 칼 맑스의 계급국가이론이 대두한 이래 국익이라는 개념
은 사회의 일부 지배자의 이익의 위장이라는 비난을 받게 되었다.[2]
20세기에 이르러 유럽에서 일어났던 각종 노동운동이 "만국의 노동
자의 단결"이라는 구호에서 엿볼 수 있듯이 국민국가(Nation State)
를 극복하려고 정부차원의 외교와는 다른 차원에서 또는 정부차원
이 국익외교에 대항하는 의미에서 각국 노동자단체간의 교섭을 경
험하게 되었다. 그런데 이러한 현상은 결과적으로 국제관계의 새로
운 경향을 조성하였다고도 할 수 있다. 그것은 첫째, 국익(National
Interest)과는 다른 의미의 공익(Public Interest)의 존재를 암시하는
것이다. 둘째, 외교가 정부차원 외에서도 이루어 질 수 있다는 가능
성을 제시하였다고 할 수 있다.

이러한 현상은 사회의 각종 조직이 발생하고 성장하여 사회적인
이해가 다원화됨에 따라 국제적인 측면에서는 과학의 발전과 통신

---

1) 김용서, "민간외교의 정치적 기능: 일본, 중공관계를 중심으로", 『중소연구』제5권1호 (한양대학
   교 아태지역연구센터, 1980. p.8.
2) 김용서, "민간외교의 정치적 기능: 일본, 중공관계를 중심으로", 『중소연구』제5권1호, pp.8-9.

의 발달로 인하여 사회조직의 국제화가 촉진되고 사회조직간의 국
제적 교섭과 관계가 활발하게 전개되는 현상을 가져왔다. 따라서 국
제적십자사, 국제올림픽위원회 또는 국제항공운임협회와 같은 민간
단체가 정부의 외교관계에 못지않게 외교교섭의 임무를 직접 담당
하게 되었다. 또한 통신기술의 발달로 인하여 외국에 파견된 외교관
과 본국정부의 거리상의 장애가 제거되게 되었고, 따라서 외교관 개
인의 자유재량의 범위가 축소되었으며, 개인적인 재능과 수완이 결정
적인 역할을 하던 과거의 외교와는 다른 형태, 즉 외교의 전문가가
아닌 민간인의 대행 또는 참여가 가능할 수 있는 조건이 형성되었다
고 하겠다. 특히 매스컴의 발달로 국민 각자가 외교에 필요한 지식
이나 정보를 평상시에 얻을 수 있기 때문에 전문분야에 따라서는 민
간인이나 민간집단의 국제적 활동이 직업외교관보다 더욱 유리하게
외교적 기능을 전개할 수 있게 된 것이 현대사회의 특징이라고 할
수 있을 것이다.

민간외교 'Nongovernmental Diplomacy'(people to people)의 사전
적 의미는 정부관계자가 아닌 민간인이 예술 문화 체육 분야에서 각
국가와 교류하는 것을 말한다. 또한 최근에는 민간전문가(Track 2)
외교라는 전문용어까지 등장하였다. Track 2 외교는 당초 개인 자격
으로 참가하는 정부관리, 민간 전문가(연구소, 학계, 언론출신), 그리
고 시민단체 대표자 등 다양한 이해관계자들 사이에 발생하는 대화
를 지칭했다. 또한 연구소들이 단독 또는 공동으로 이런 대화를 기획
했다. 시간이 흐르면서 Track 2는 구속력 없이 순수한 권고 형식으로
정책입안에 의견을 제시하는 연구소와 인식공동체들로 구성되는 것
으로 알려지게 되었다. Track 2는 현재 구속력 있는 의사결정을 내리
는 공식 Track인 Track 1과 시민단체/풀뿌리 단체와 비정부단체

(CSOs/NGOs)로 구성된 Track 3과 구분하여 설명하고 있다.[3] 이처럼 민간외교가의 역할이나 능력이 중요시 되고 있는 상황이다. 그러나 조영식은 개인의 계획과 아이디어에 세계석학들의 지식과 지혜를 모아 '세계평화의 날' 제정을 이루기도 하고 다양한 국가들과 많은 사람들과의 활동을 통해 어떠한 결정을 이루어나가기도 한다. 예컨대, 그는 일 천만 이산가족 재회를 위한 범세계적 서명운동을 전개하였는데 153개 국가가 이에 동참하였다.

따라서 본문에서의 민간외교란 정부관계자가 아닌 민간인이 교육, 평화, 문화, 예술, 체육 등의 다양한 분야에서 친선도모를 통하여 전개하는 외교를 말한다. 특히 사람과 사람의 교류를 중요시하며, 국가 대 국가의 교류가 아니라, 민간인대 민간인, 나아가 민간인대 국가의 교류까지 포함하는 것을 의미한다. 특히 조영식이 전개한 민간외교에 대해 영국, 유엔과 미국, 일본, 대만, 러시아, 중국 등에 관하여 고찰해본다. 이 글을 전개함에 있어서 조영식이 그동안 세계적으로 추진해온 여러 국가들과의 교류활동에 대해 많은 사람이 집필했던 '인간 조영식 박사 101인집', 'Global Leader with Great Vision' 등을 참고하여 인용하였다.

3. 조영식의 개인 프로파일

조영식은 1921년 11월 22일 평안북도 운산에서 태어났다. 운산지역에서 금광업을 하는 아버지의 영향으로 인생에 가장 중요한 것은 매사를 '생각하라'는 교훈이었다고 한다. 이 '생각'을 중요시하는 사

---

3) Carolina G. HERNANDEZ (ISDS Philippines), "민간전문가(Track 2) 외교의 재조명", 『다자안보협력을 위한 민간 전문가의 외교』, 제주평화연구원, 『JPI 정책포럼』157권, 2014, p.3.

상은 그가 평생 사랑한 경희대학교 본교의 교정과 국제캠퍼스의 도서관에 '생각하는 자 천하를 얻는다.'는 제어에서도 볼 수 있다. 그는 어린 시절 민족적 수난기와 혼란기를 겪었고 '학도병 의거사건'을 주도하여 감옥 생활을 하였으며 해방 이후 월남하였다. 조영식의 인생에 있어 부모에 대한 효심이 뛰어난 것은 잘 알려진 사실이다. 그는 혼자 월남하였고 (북한에서 오시지 못한 부친을 위해 빈 묘소를 세워두고 있다) 후일 남하하여 학교교육에 전념할 수 있도록 물심양면으로 도움을 준 어머니 강국수 씨와 부인 오정명의 숨은 공로를 뺄 수 없을 것이다. 당시 어려운 여건 속에서 평화복지대학원이 설립되었고 전교생이 장학생인 이 학교에서 초창기 학생들의 체력을 중시하였으나 체육복을 사는 비용이 없어, 어머니와 부인 오정명 등이 시장에서 천을 사와서 직접 만들어 입혔다. 또한 학교 교직원들의 봉급날짜에 부족한 재원을 마련하기 위해 부인 오정명은 고심하며 걷다가 전봇대를 받아 이마에 그 흔적이[4] 평생남아 에피소드로 전해지고 있다.

조영식은 평화에 대한 깊은 연구와 사색에 기초 하여 독특한 '오토피아'[5] 평화론을 제시하였고 이를 바탕으로 한평생 인류사회의 복지를 위해 전쟁방지 등 세계평화에 관한 여러 문제들을 논의했을 뿐만 아니라 또한 평화 운동을 실천에 옮기기 위해 현장에서 혼신의 노력을 기울여왔다. 그는 이미 그의 20대 후반인 1948년 민주주의

---

4) 자금 마련을 위해 고심하다가 집 골목길의 전봇대에 이마를 찧어 80세에도 마치 부처의 앞이마처럼 흉터가 남아있다.

5) 오토피아(Oughtopia)라는 저서의 이름이자 이 용어는 조영식 자신이 조어한 것으로 '당위적으로 요청되는 사회(ought-to-be society)'를 의미하는 것이다. 흔히 '정신적으로 아름답고 (spiritually beautiful), 물질적으로 풍요로우며 (materially affluent) 그리고 인간적으로 보람있는 (humanly rewarding) 사회'를 그 구체적인 내용으로 한다. 그는 오토피아가 하늘나라 개념적 낙원이 아니라 이 지구상에서 실현가능한 사회로서 역사적으로 이와 유사한 개념들인 플라톤의 이상세계, 칸트의 목적의 왕국, 토마스 모어의 유토피아와 다르다고 말한다(Young Seek Choue 2001, p.235).

자유론: 자유정체의 탐구, 1951년 문화세계의 창조, 1975년 인류사
회의 재건, 그리고 1979년 오토피아: 전승화 이론을 기초로 하여 등
을 주요 단행본으로 출판하였었다.[6] 뿐만 아니라 그가 주도적으로
조직해왔던 수많은 국내외 회의들에서 행한 연설의 원고들이 2001
년과 2003년에 각각 3권(영문)과 5권의 전집(국문)으로 발간되었다.
대표적으로 '세계평화의 날'을 제정하게 되었고 세계평화 국제세미
나를 수십 년간 지속적으로 추진하였으며, 세계평화백과사전을 만들
었고, 평화인재 육성을 위해 분투하였다. 상술한 것처럼 시대적인
배경과 환경은 조영식으로 하여금 평화에 대한 정신과 집념이 남달
랐다고 하겠다. 동시에 그는 100여개 국가를 방문하면서 대학교육
의 중요성과 자신의 평생의 신념이며 철학이기도 한 인간, 교육, 평화
의 가치추구와 실천을 향해 끊임없이 열정적으로 노력하였다. <표-1>
조영식의 주요 프로파일을 통해 우선 개략적인 이해를 할 필요가 있
겠다.

〈표-1〉 조영식의 주요 프로파일

개인사항	부: 조만덕 모: 강국수 부인: 오정명 자녀: 아들 조정원, 조인원, 딸 조여원, 조미연
주요 경력	1921 평안북도 운산 출생 　　경희대학교 설립자 및 학원장 　　세계대학총장회(IAUP) 회장 및 영구 명예 회장 　　인류사회 재건연구원 총재 　　밝은사회 국제클럽 국제 본부 총재 　　일천만 이산가족 재회 추진위원회 위원장 　　세계대학총장회 평화협의회(HCP) 의장

---

6) 그가 주창하는 전승화(全乘和) 이론과 주의생성론 (主意生成論) 등에 관해서는 하영애, "오토피
아(Oughtopia) 이론의 내용과 전개 : 중국과 대만사회의 수용", 『한중사회 속 여성리더』, (파주:
한국학술정보, 2015) 참조

학력	1996 마켄지대학교 명예박사
	1991 모스크바대학교 평화철학 명예박사
	1988 도쿄대학 상학 명예박사
	1985 과달라하라대학교 명예박사
	1983 노스캐롤라이나대학교 인문학 명예박사
	1977 미국 오하이오 노던대학교 명예 공공봉사학 박사
	1972 부산대학교 법학 명예박사
	1971 마닐라시립대학교 인문학 명예박사
	1964 미국 훼어리디킨슨대학교 명예 문학박사
	1959 마이애미대학교 법학 명예박사
	1950 서울대학교 법학 학사
설립 교육기관 및 연구소	1983 경희대학교 평화복지대학원 설립
	1979 국제 평화 연구소 설립
	1976 인류사회재건 연구원 설립
	1975 밝은사회 문제연구소 설립
	1974 경희호텔경영전문대학 설립
	1971 경희의료원 설립
	1958 한국 학술연구원 설립
	1955 경희대학교 승격 설립
주요 저서	≪민주주의 자유론≫(1948년)
	≪문화세계의 창조≫(1951년)
	≪교육을 통한 세계평화의 구현≫(1971년)
	≪인류사회의 재건≫(1975년)
	≪오토피아≫(1979년)
	≪21세기 인류사회의 과제와 선택≫(1991년)
	≪인류사회는 왜, 어떻게 재건되어야 하는가≫(1993년)

제2부

조영식과 세계 각 국가와의
민간외교

1장_미국 · UN과의 민간외교

미국 마이애미대학교 총장 헨리 킹 스텐포드(Henry King Standford)
는 조 박사와의 만남을 통해 각 국가와 가진 다양한 경험과 결연과
세계 각 국 지도자들과의 만남을 경험하면서 조 박사가 추진한 인류
애에 대해 높이 평가하고 있다. 그는 조영식 박사에게 '세계를 이끌
어 가는 지도자'라고 묘사하며 자신이 세계대학총장협의회의 부회
장으로서 회장인 조영식 박사와 많은 국가를 탐방하고 실천하면서
느낀 점을 소상히 설명하고 있다.[7]

헨리 킹 스탠포드는 말하기를:
내가 처음으로 조영식 박사의 이름을 알게 된 것은 1962년 7월
1일 마이애미대학교 총장으로 부임한 바로 직후였다. 전임총장 J.
F. W. Pearson 박사가 경희대학교의 멋있고 활기 넘치는 총장에
관하여 나에게 말해 주었기 때문이다. 그는 세계 대학 간에 자매

---

7) 헨리 킹 스텐포드, "세계를 이끌어 가는 지도자", 인간 조영식 박사 101인집 출간위원회, 『미원
   조영식 박사 교단 50주년기념 인간 조영식 박사 101인집』(서울: 교학사, 1994), pp.403-406.

관계를 증진시키고 세계 각 국 간의 평화를 도모하는 데 많은 관심이 있는 분이라는 것이었다. 내가 조 박사를 만났을 때 그는 실제로 그에 관하여 이미 들은 얘기대로의 모습이었다. 나는 그를 만난 즉시 그의 진지하고 통찰력이 있으며 열성이 대단하고 영감적인 교육지도자의 모습에 감동받았다. 전 세계에서 모인 세계대학총장협의회에서 함께 일하면서 그의 첫 인상은 세월을 더해가면서 계속 증명이 되었다.

그들의 관계는 점점 발전하였다. 조 박사가 IAUP 회장을 역임할 당시, 헨리 킹 스탠포드는 부회장이었다. 두 사람은 실행위원회에서도 함께 일하였다. 그들이 매우 가깝게 일하면서 조 박사가 사무실 내의 개인적인 특성들을 얼마나 성공적으로 잘 조화시키는가를 깨닫게 되었으며, 또한 열의와 기지, 그리고 도덕적인 규범까지 더한 것이었다고 보았다. 가까이서 조 박사와 일했던 헨리 킹 스텐포드의 조 박사에 대한 글은 우리에게 조영식이 민간외교를 추진해온 그 과정을 소상히 이해하게 한다. 그는 구체적으로 언급 하였다.

> IAUP회장으로서 취임초기부터 조 박사는 이 조직을 온 세계의 대학 총장들 간의 따뜻한 우정을 다지는 매개체로 뿐만 아니라 세계평화와 형제애에 대한 그의 확신을 강조할 수 있는 수단으로 간주하였다. 그는 과거 1951년에 '문화세계의 창조'라는 저서를 통하여 이미 동서의 정신과 물질문명을 조화시킬 수 있는 "종합문명사회"로서의 인류사회의 잠재력을 역설하기 시작하였다. 그는 지구적인 협동을 창출해낼 지역적 협동을 예언하고 권장하였으며 이상적인 인류사회에 대한 그의 통찰력을 설명하는 그의 저서, 「오토피아(Oughtopia)」는 새로운 영어단어를 만들어 내는 데까지 이르렀던 것이다. 이 신조어는 인류가 인간적인 잠재력을 충족시키기 위하여 "왜 존재하여야"하고 "마땅히 무엇을 해야 하는지"를 의미하는 것이었다. 이것은 조 박사에게 IAUP총회에서 제시한 철학이었다. 그는 어디를 가나 열렬히 환영받았다. 조 박사의 영도력과 영향으로 IAUP도 어느 대륙에서건 환영을 받았다. 한국 서

울에서 이 IAUP가 받은 따뜻한 환영은 아직도 기억이 생생하다. 또 일본의 도쿄, 리베리아의 몬로비아, 태국의 방콕, 이란의 테헤란과 미국의 보스턴 등, 다섯 번의 국가 지도자들과의 회합은 내 기억에 생생하게 우뚝 서 있다.

마지막으로 내 기억에 영원히 새겨질 추억은 조 박사께서 주선한 모하메드 레지 팔레비 이란국왕과의 만남이다. 그때는 그 정원이 전복되기 6개월 전의 일이었다. 우리를 위한 국왕의 환영만찬은 독특한 것이었다. 왕과 왕비가 고정된 위치에서 서서 손님들이 그 앞을 지나게 하는 대신 그의 테헤란에 있는 마을 식으로 된 궁전의 정원 길에 손님들을 일렬로 서게 하였고 그와 왕비는 천천히 그 앞을 지나가다 잠시 멈추어 서서 각 손님에게 짧게 말을 건네곤 하였다. 이것은 조 박사와 IAUP에서 활동하는 동안 특별히 얻은 경험 중에 단지 몇 가지에 불과하다. 그러나 이러한 귀한 경험은 여러 해 동안 조 박사와 매우 밀접하게 일하게 된 기회의 결과이다.[8)

세계대학총장회가 1986년 유엔 세계 평화의 해를 기념하기 위하여 1984년에 설립한 기구인 평화협의회는 보편적인 평화를 강화하고자 하는 유엔의 설립 목적을 수호하려는 평화의 사도(messenger of peace)로서의 조 박사의 모습을 잘 보여주고 있다. 하비엘 페레즈 드 퀘야르 전 유엔 사무총장은 평화복지대학원이 설립될 당시 이 대학원에 대한 헌정사에서 다음과 같이 피력하였다.

"모든 나라들은 분쟁을 평화롭게 해결하기 위하여 사회 정의와 세계 자원들을 공유한다는 인식 하에 고통과 박탈을 인도적인 차원에서 경감시키고, 이익과 상호 이해의 조화 및 집단적인 무제한적인 무기의 취득을 삼가게 하는 것이다…"

우리는 미래의 유엔에 대한 이해와 관련된 분야에 있어서 조영식 박사와 보다 긴밀한 협조가 이루어 질 수 있기를 희망한다. 조영식

---

8) 헨리 킹 스탠포드, 미국 마이애미대학교 총장·조지아대학교 명예총장, "세계를 이끌어가는 지도자", 『미원 조영식 박사 교단 50주년기념 인간 조영식 박사 101인집』, pp.403-406.

박사는 국제적인 평화와 협력을 추진함으로써 유엔의 업무에 대한 신뢰도를 높이고, 업무 그 자체를 실현시킬 수 있는 일에 진력하는 아주 소중하고도 큰 분으로 팩스 유엔을 통하여 강력하고도 위대한 유엔을 막후에서 만들어낸 분이다.[9]

조지워싱턴대학의 스테븐 조엘 트락텐버그 총장은 그가 조 박사에게서 받은 진실함과 솔직함으로 그 자신이 한국에 방문하는 기간에 미국에 있는 친구에게 썼다. 그 내용은 읽는 이의 가슴을 뭉클하게 한다. 스테븐 총장은 조 총장에 대해 전 세계에 살고 있는 현대인들에 대한 진실한 귀감이 되는 사람이라고 묘사하고 있는데, 그는 조영식 총장이 훌륭한 석학들과의 진정어린 우정과 교류를 통해 세계사에서 빛나는 민간외교를 실천에 옮기고 있다[10]고 묘사하였다.

해외동포 모국문화 체험단(98.10.19~24) 입양아 29명을 한국에 초청하여 모국의 문화를 체험하게 함으로서 한국의 얼, 정신을 조금이나마 익혀 가는 기초를 마련하였으며 이들은 분단의 비극을 통해 평화인식을 간접적으로 학습할 수 있었으며 세계평화가 지향하는 평등·인권 측면에서도 좋은 계기가 되었다. 조영식이 뉴욕에서 추진한 우애와 교류는 인간의 따뜻한 마음이 거둔 하나의 결실로 가슴에 새기게 한다. 변종덕 뉴욕 한인회장의 다음 글을 보자:

> 뉴욕에는 '한·미 친선 한국방문사업'이 이루어지게 되었습니다. 인종분쟁은 '인종간의 화합'만이 실마리를 풀어준다는 대원칙을 내세우고 그 후 1년여의 계획과 노력을 통해서 이 큰 사업을 이룩했습니다. 사실 뉴욕에는 150여 다른 인종들이 모자이크와 같

---

9) 헤이토 거구리노 드 소우자, 일본 유엔대학 총장, "유엔의 목적과 이상을 구현하는 평화의 사도", 인간 조영식 박사101인집 출간위원회, 『미원조영식박사교단50주년기념 인간 조영식 박사101인집』, pp.154-155.

10) 스테븐 조엘 트락텐버그 총장, "현대인들에 대한 진실한 귀감"이라고 평가하고 있다. 인간 조영식 박사101인집 출간위원회, 『미원조영식박사교단50주년기념 인간 조영식 박사101인집』, pp.156-159.

은 조화를 이루며 살고 있습니다. 각기 다른 문화배경과 전통 속에서 살아온 사람들끼리 의좋게 산다는 보장 또한 없습니다. 따라서 어느 민족들보다도 이 땅에 늦게 와서 이 사회에 두각을 나타내려고 하는 그 속에서 타민족들의 질시와 대립이 있어 왔고 세간 Church Avenue 사건이라 부르는 한·흑 분규도 이상과 같은 맥락에서 빚어진 사건이라고 진단하고 있습니다.

어쨌든 이 사건 자체는 일단 해결을 보게 되었습니다. 어느 때 어느 곳에서 또 다시 폭발할지 모를 뉴욕사회의 상황 속에서 '평소에 잘 사귀어두자'라는 운동이 바로 '한·미 친선 모국방문'사업이었습니다. 그리고 이 사업은 조영식 박사님의 발상으로 비롯되었고 방문단들이 고국에 체제 중일 때는 재정지원은 물론 손수 일정표를 검토하시는 등 세심한 데까지 배려하여 주신 덕택으로 크게 성공을 거두었습니다.[11]

조영식이 가진 참으로 따뜻한 인간미는 크게는 국제적인 굵직하고 중요한 국가차원의, 인류의 복지를 위해 끊임없이 노력하는 멈출 줄 모르고 일하는 큰 자세이다. 그러나 작게는 개개인의 일에도 진정한 마음을 쏟으신다. 일례를 들면, 아끼시는 교수들의 생일을 챙겨주는가 하면, 상(喪)을 당한 교수에게 조화와 금일봉을 보내어 진심어린 위로를 보낸다. 이러한 그의 심성은 해외 활동 중에 아픈 제자의 집을 방문하여 직접 위로한 모습으로도 엿볼 수 있다.

재 시카고 경희대 동문회장 김양덕은 조영식 총장님의 일정이 워낙 바쁘기 때문에 전화로 위로 말씀을 해 주실 것을 건의했지만 총장님은 "아니야, 다른 것은 못해도 그것은 꼭 해야 돼, 내가 애제자 집을 가봐야지"하고 단호하게 말씀하셨고 송 동문 집을 방문하여 총장님은 간암에 대한 여러 가지 말씀을 해주시면서 송 동문에게 절망을 이기도록 용기를 주셨다. 인류의 평화를 걱정하시는 큰 그릇의

11) 변종덕, 뉴욕 한인회장, "뉴욕에서 싹튼 인종화합의 결실", 인간 조영식 박사 101인집 출간위원회, 『미원조영식박사교단50주년기념 인간 조영식 박사 101인집』, pp.368-370.

인간 뒤에, 작은 사람 하나하나를 보살피는 애정 어린 인간의 모습이 숨어 있음을 나는 소리 높여 주위 사람들에게 들려주고 싶다.[12] 이처럼 조영식이 미국과 특히 유엔에서 활동한 여러 가지 역할 중에서 몇 가지에 대해 고찰해본다.

1. 세계평화의 날, 세계평화의 해 제정과 민간외교의 역할

무엇보다도 조영식의 대 유엔관계에서 펼친 가장 큰 민간외교는 1981년 11월 30일 유엔총회에서 참가국 만장일치의 결연한 '세계평화의 날 제정'이라고 할 수 있다. 9월 21일, 당시 9월의 셋째 주 화요일을 기념해 왔지만, 중간에 9월 15일 혹은 17일 등 날짜가 불규칙하여 2000년에 처음 제정 때의 9월 21일을 고정적으로 결정하였다. 그리고 1986년은 '세계평화의 해'로 제정되었다.[13] 그 당시는 미·소 양국이 국제사회의 최강대국이었는데 1986년 평화의 해 첫날 아침 미국의 레이건 대통령과 소련의 고르바초프 대통령이 신년 TV 인터뷰를 가졌다.

그 때 레이건 대통령은 고르바초프 대통령에게 이렇게 말을 건넸다. "금년은 유엔이 공포한 세계평화의 해입니다. 우리 두 나라는 어떠한 일이 있어도 인류를 멸망시킬지도 모를 세계 핵 대전만은 꼭 막도록 해야 합니다." 이렇게 말하자 고르바초프 대통령도 전적으로 동감한다고 하며, "서로가 미움을 거두고 힘을 합하여 인류를 살리도록 하는 일에 함께 힘쓰자"는 화답과 함께 굳은 약속을 하며 두

---

12) 김양덕, 재 시카고 경희대 동문회장, "미주에 떨친 국빈 같은 명성", 인간 조영식 박사 101인집 출간위원회, 『미원조영식박사교단50주년기념 인간 조영식 박사 101인집』, pp.251-254.
13) 코스타리카 결의문 (Costa Rican Resolution) 참조.

나라 국민에게 평화의 메시지를 서로 교환하였다.

그 뒤를 이어 유엔이 준비한 평화 행사는 물론 회원국 146개국이 992종목에 걸쳐 적극 이에 동참하게 되었고 많은 행사를 가짐에 따라 평화 무드는 그 해에 온 지구를 덮게 되었던 것이다. 그가 유엔 전당에서 평화의 날의 제정을 지켜보면서 당시 그 상황을 한국일보 기자가 국내외에 보도했듯이 하염없이 흐르는 눈물 속에서 지은 '평화의 대 합창'을 옮겨 그날의 감회를 되새겨 본다.14)

평화의 대 합창

인류의 안전 복지 평화의 전당
유엔이 평화의 날 제정하였다
온 인류 일어서서 합창을 하자
두 손을 높이 들고 찬양을 하자

이제는 풀어보자 지난 날 악몽
전쟁을 몰아내고 평화에 앞장서자
재산을 불사르고 죽음을 딛고서
정의 팔며 싸웠던 정쟁의 영웅들
얼마나 많은 생명 비명에 몰아갔나
전쟁으로 얻은 영광 지옥의 영광

역사의 산 교훈 무엇을 가르치나
알고 보면 허망한 야욕의 그림자
우리는 사해동포 인류 한 가족
어째서 미워하며 서로가 살생 했을까

다시는 그 잘못 되풀이 말자
다시는 그 미명에 속지를 말자
정복으로 평화를 세울 수 없어

---

14) 인간 조영식 박사 101인집 출간위원회 편집자, "조영식 박사, 그는 누구인가", 『미원 조영식 박사교단50주년기념 인간 조영식 박사 101인집』, pp.18-21.

전쟁으론 행복을 얻을 수 없어
그러기에 무의미한 회담이라도
차라리 전쟁보다 낫다고 하지

인류여 목놓아 합창을 하자
유엔이 평화의 날 선포하였다

우리는 지구마을 인류 한 가족
서로 돕고 신뢰하며 밝음을 찾자
영원한 평화의 길 바라보면서
사랑과 협동으로 평화 이루자

눈앞에 아롱지는 나비들의 춤을 보라
온갖 새 지저귀는 rhapsody를 들으라.
버들강아지 눈 티우는 산골짝 물소리
고요 깨고 귓전 치니 우주독경이런가
보기에 아름답고 듣기에 좋으니
그것이 행복이요 선경이로다.

서로가 사랑하면 천사가 되고
서로가 미워하면 악마가 된다.

마음 닫고 대결하면 전쟁이 오고
마음 열고 대화하면 평화가 온다.
파괴로 건설한다는 말 믿지 못할 말
전쟁으로 낙원 이룬다는 것 허망한 말

평화는 개선보다 귀중한 거야
낙원을 정복으로 세울 순 없어
인간이 전쟁을 정복 못하면
전쟁이 인간을 정복할 거야

인류여 모두 나서 함께 춤추자
유엔이 평화의 해 선포하였다.

태양은 찾는 사람 앞에 나타난다지.

소원은 노력하는 사람에게 풀려 진다지.
내일은 오늘에 사는 사람 마음에 있어
아름다운 인간이상 포기될 수는 없어

인류세계 평화의 길, 두 길은 없다
이해와 협동으로 같이 살 길 찾아야
나만을 생각하면 다툼이 오고
너와 내가 함께 살면 번영이 온다.

마지막 전쟁, 그 이름 가지고도
이 세상의 전쟁은 몰아낼 수 없어
사랑이 있는 곳에 기쁨이 있고
미움이 있는 곳에 파멸이 있다.

마음에 근심 없고 부끄러움 없으니
선한 가운데 복이 있다, 천국이 있다
성실하고 부지런하여 가난도 쫓기니
즐겁다, 편안하다, 천하도 태평하다.

바로 살고 함께 낙토가 되고
서로 밀고 밟고 가면 고해가 된다.
이방인도 사랑하면 한 가족 되고
한겨레도 미워하면 원수가 된다.

인류여 모두 나서 찬양을 하자
유엔이 평화의 기 이 땅 위에 세웠다

대자연의 질서와 조화 찬미를 하자
인류세계 협동단결 다짐을 하자

진리는 만물 속에 내재하는 거
생각하는 그 사람이 천하 얻는다.

작은 불이 큰 불로 번져나간다
1, 2차 세계대전 모두가 그랬지
인류종말 오기 전에 정신 차리자

이번의 핵 대전은 역사문명 불사른다.
아무리 작은 침략도 용납지 말자
그것이 세계 핵 대전 불씨가 된다.

누구건 불장난 일으키는 인류의 적엔
온 인류 일어서서 규탄하고 제재를 하자
우리 평화 강국에만 기댈 수 있나
너와 나 온 인류 모두 나서 지키자
평화위해 일하는 자 복이 있나니
저희가 바로 하느님의 아들이시다

인간은 계획하고 신은 제정한다.
하늘은 우리 계획에 미소를 보내신다.
종달새 지저귀는 저 언덕 너머
오토피아 새 낙원 우리를 기다린다.

인류여 모두 나서 노래하며 춤추자
평화의 나팔소리 온 누리에 메아리친다.
유엔의 평화의 기 하늘높이 펄럭이니
만세를 부르자 두 손 높이 치켜들고
인류숙원 풀린다. 영구평화 만만세 !

세계평화의 날 제정을 지켜보면서

유엔에서 조영식 지음 1981.11.30.[15]

여기서 특기할 것은 세계평화의 해를 기념하는 횃불 달리기가 유엔 본부를 떠날 때, 먼저 유니세프의 한 어린이가 횃불에 점화하여 케얄 유엔 사무총장에게 전달하고 뒤이어 안보리 의장에게 그리고, 평화의 해 준비위원장에게로, 여기서 그치는 게 아니라 평화의 해를 제안한 조 박사에게 횃불이 옮겨지고 그의 손에 의해 첫 주자에게

---

15) 조영식, '평화의 대합창', 인간 조영식 박사 101인집 출간위원회, 『미원 조영식 박사 교단50주년기념 인간 조영식 박사 101인집』, pp.21-26.

건네어져 횃불은 전 세계를 향해 출발하게 되었다는 사실이다.[16] 이 횃불은 한국의 평화복지대학원에 기념탑을 세우고 평화사상과 그 당시를 기리며 '횃불 점화식'을 가짐으로서 국내외 참석자들에게 평화의 중요성을 기리게 하였다. 뿐만 아니라 수 십 년이 지난 지금에도 조영식 박사의 그때의 평화활동과 모습이 마음에 새겨져 있다고 23년간 그곳에서 재직했던 남영수 과장은 회고한다.[17]

조영식은 그가 그처럼 소망했던 세계평화의 날을 유엔에 의해 제정 공포하고, 전 세계가 평화를 지키기 위한 나름의 노력을 기울이게 했다. 우선 그는 문화예술 프로그램을 가지고 평화의 마음을 갖는데 주력하였다. 먼저, '서울 오페라단'의 미국 뉴욕 공연과 국내 공연을 통해 평화의식을 고취한 것이다. 1985년에는 '제4회 유엔 세계 평화의 날 기념 음악회'를 개최하였다. 이날은 동시에 유엔창립 40주년을 기념하여 서울 오페라단으로 하여금 The Crucible을 공연케 하였다. 1986년에는 '세계평화의 해'를 맞이하여 UN의 특별 귀빈으로 초청받고 평화의 해 기념식상에서 특별연사로 강연하였으며, UN평화활동 기금 지원 캠페인을 벌여 독일 퀼른 음대와 협력하여 음악회를 개최함으로써 44,978달러를 모금하여 UN 사무총장에게 전달하였다.[18] 특히 '세계평화의 해'를 기념하기 위하여 서울 오페라단을 미국 뉴욕에 파견하여 오페라 '춘향전'을 공연하게 하였다. 그는 1986년에 다양한 예술행사를 개최하여 세계평화의 해를 기념하였다. 예를 들면, '유엔 세계평화의 해 기념 국제 초청 음악회'를 개최하였고, 국내에서도 오페라 'Don Pasquale'를 공연케 하였다. 이

---

16) 인간 조영식 박사 101인집 출간위원회, 『미원 조영식 박사 교단50주년기념 인간 조영식 박사 101인집』, p.27-28.
17) 그는 현재 본교 행복기숙사 과장을 담당하고 있다. 2017. 4. 20. 필자 방문 인터뷰.
18) 인간 조영식 박사 101인집 출간위원회, 『미원 조영식 박사 교단50주년기념 인간 조영식 박사 101인집』, p.594.

어서 1987년에도 유엔 세계평화의 해를 기념하여 서울 오페라단으로 하여금 오페라 'Tosca'를 공연하도록 하였다. 1991년에는 제10회 유엔 세계평화의 날을 기념하여 서울 오페라단으로 하여금 오페라 'Magic Flute'을 공연케 하였으며, 1993년 제12회 평화의 날을 기념하여 서울 오페라단으로 하여금 오페라 'Aida'를 공연하게 하였다.[19]

그 이후 국내에서는 매년 서울 오페라단의 정기공연을 평화와 관련하여 추진하였으며, 서울 오페라단 김봉임 단장의 지도하에, 또한 그가 NGO 단체인 UN ECOSOC '밝은사회 서울클럽'의 회장을 맡아서 오페라 공연을 더욱 활기차게 추진하였고, 회원들도 더욱 열성적으로 참여하였다.

2. 유엔 및 각계 각 분야의 협력자들과의 교류

조영식이 세계평화를 위해 뜻을 세우고, 그것을 추진하기 위해 많은 사람들과 만나고 교류하고 일을 함께 추진하였다. 특히 유엔의 역대 사무총장, 사무차장들과는 더욱 끈끈한 우의를 가졌다. 보단 레반도우스키 전 유엔 사무차장은 다음과 같이 조영식에 대해 피력 한다:

'평화의 길로 우리를 이끈 분'

조 박사님과의 첫 번째 만남은 1970년대 말, 뉴욕의 유엔 본부에서 이루어 졌다. 나는 여러 모로 유엔에 깊이 관여하고 있었기

---

19) 인간 조영식 박사 101인집 출간위원회, 『미원 조영식박사 교단50주년기념 인간 조영식 박사 101인집』 pp.595-596. 필자는 당시 밝은사회 서울클럽 임원으로서, 김봉임 단장의 공연장에 회원다수가 동참하여 관람하였고 특히 김봉임 단장은 평화관련 Gala 공연을 개최하기도 하였다. 이러한 김봉임 단장의 열정은 또한 조영식 박사의 부인 오정명 여사와 함께 '밝은사회 목련어머니회 활동'을 함께 하면서 많은 봉사활동을 하였다.

에 조 박사님과 나는 처음부터 거의 같은 목표를 향해서 뛰었다고 생각된다. 1950년도 당시 나는 미국의 엘리노어 루즈벨트 씨가 이끌고 있던 유엔 총회의 사회 및 인권위원회의 폴란드 대표로 일하고 있었다. 또한 아드라이 스티븐슨 지사와 아더 골드버그 대법원 판사가 미국의 유엔대사로 있을 때 그들과 함께 유엔 주재 폴란드 대사로 일하기도 했다. 그 후 11년 간 나는 유엔 사무차장으로 일하게 되었다. 사무차장 시절에 난 세계의 상황을 보면서 참으로 걱정을 금할 수 없었다. 그 때 현 세계의 어두운 미래에 대해 우려하면서 인류를 파멸에서 구원해 보고자 노력하고 계시던 조 박사님을 만나게 된 것이다.

바로 조 박사님의 행적에 관해서 말이다. 이 자리를 빌어서 내가 문서로 남기고자 하는 바는 바로 이것이다. "조 박사님의 헌신적인 활동이 우리를 교차로의 두 번째 길로 접어들 수 있도록 했다."는 점이다. 이것은 유엔이 지원하는 세계 평화(UN-sponsored world peace)라는 '실현가능한 평화'에 대한 조 박사님의 신념에서 비롯되었다. 결국 나는 그분과 한마음이 되어 일하고자 마음먹게 되었고, 그로써 유엔이 보다 힘 있게, 그리고 일치된 목소리로 평화를 위해 일할 수 있도록 조력할 수 있었다.

세계 평화의 날과 해의 제정을 둘러 싼 많은 결정들은 바로 유엔회원국 모두가 세계 평화를 바라보며, 그 자신에 대한 다짐을 하기 위해 만들어 진 것이라고 하겠다.

그러므로 오로지 냉소주의자들만이 인류의 미래를 위한 이 중대한 결정의 중요성과 영향을 거부할 수 있었으리라.[20]

조영식의 국제교류에 있어서나 특히 미국과의 활동에 있어서 적지 않은 역할을 했던 김관봉 교수는 영어실력에 있어서 탁월하였고, 조 박사의 신뢰를 많이 받았으며 오래도록 함께 일하였다. 그는 워싱턴에서의 감개무량한 당시를 회고하였다. 김관봉 교수의 글을 참고해보자 :

20) 보단 레반도우스키, 전 유엔 사무차장, "평화의 길로 우리를 이끈 분", 인간 조영식 박사 101 인집 출간위원회, 『미원 조영식박사 교단50주년기념 인간 조영식 박사 101인집』, pp.258-260.

'미국 국회 의사당에 닥터 조(趙)의 성조기가'

  1981년 유엔이 제정한 "세계평화의 날"과 "평화의 해"도 조 총
장께서 IAUP를 통해 UN에 제안하고 이의 통과를 위해 세계 각
국의 지도자들과 대표단을 설득했기 때문에 가능했다는 것은 온
세계가 다 주지하고 있는 사실이다.

  우리는 이러한 역사적 계기가 있었기 때문에 세계는 새로운 데
탕트와 협력의 시대를 오늘날 맞이하고 있다는 것을 간과해서는
안 될 것이다. 이러한 조 총장의 빛나는 노력과 엄청난 업적은 그
의 고도의 통찰력, 불굴의 의지와 신념, 끊임없는 성찰과 사색, 끝
없는 민족애와 인간애, 그리고 강인한 실천력에 기인한다고 할 수
있다. 이러한 점 때문에 그의 글과 말은 대단한 설득력을 가진다.
지난 1992년 10월, 조 총장은 스톡홀름 국제평화연구소(SIPRI)에
서 냉전체재 붕괴 이후의 세계질서에 관해 강연한 바 있다. 주지
하는 바와 같이 SIPRI의 평화연구 접근방법은 주로 기술적 문제
에 대한 과학적(계량적) 연구방법이었는데 조 총장의 강연 후 감
명을 받은 SIPRI 소장 롯트펠드 박사와 연구원들은 앞으로 그들
의 연구방법을 철학적으로 평화의 본질문제를 파악하는 방향으로
바꾸겠다고 언급했다. 그 일환으로 그들은 SIPRI와 경희대학교 간
에 공동으로 평화 의제 문제를 연구하자고 제안해 왔다. 이것은
조 총장의 평화확립방안이 얼마나 세계적으로 영향을 미치고 있
는가를 말해 주는 것이다.[21]

  조영식의 이러한 업적에 대해 각국 정부와 기관들이 그에게 갖가
지 훈장, 상, 명예를 부여했다. 대표적으로 1983년 '함마슈트 문화대
상'과 1984년 'UN 평화훈장'을 비롯하여 1989년 8월 10일 미국 상
하원 의사당 중앙 국기 게양대에 닥터 조 라는 이름으로 성조기가 게
양되었다. 이에 관해 Global Leader with Great Vision에서 다음과 같
이 기록되고 있다.

---

21) 김관봉, 영남대학교 교수·경희대 정경대 교수, "미국 국회 의사당에 닥터 趙의 성조기가", 인
    간 조영식 박사 101인집 출간위원회, 『미원 조영식박사 교단50주년기념 인간 조영식 박사
    101인집』, pp.344-348.

(In recognition of his achievements many governments and international organizations conferred upon him a number of citations, awards, and honors. Some of them include the Dag Hammarskold (UN Secretary-General) Award in Cultural Merit by Pax Mundi Foundation, Belgium, in 1983, the UN Peace Medal in 1984, the raising of the Stars and Stripes at the Capitol Hill in Washington, D.C. under the name of Dr. Choue on August 10, 1989 by the resolution of the US Congress "in recognition of Dr. Choue's contributions to peace.")[22]

또 그가 1983년 평화운동에 종사할 미래지도자들을 양성하기 위해 설립한 평화복지대학원(GIP)은 그간의 빛나는 업적을 평가받아 1993년 12월 UNESCO로부터 상금 6만 달러와 함께 "평화교육상"을 받았다. 실로 우리나라 교육계의 영광이 아닐 수 없다. 조 총장은 1984년부터 강력한 노벨평화상 후보로 매년 추천되었다. 교육자로서 숨어서 조용히 일해 온 그가 더구나 국가 또는 정치단체의 강력한 후원과 로비 없이 매번 최종 결선까지 간 노벨상 후보라는 점을 아는 사람은 많지 않다. 조영식은 UN 사무총장들과 수시로 만날 수 있는 사람이었다.[23]

이는 세계의 다양한 업무를 다루는 유엔사무총장의 일과와 조영식의 업무가 상통하기 때문에 서로 협력하여 추구해나가는 한 면을 보여준다고 하겠다. 동시에 이는 조영식이 대 유엔과의 민간외교에서 얼마나 중요한 인물인가를 가늠하게 한다.

또한 수 십 년간 대학 총장을 역임한 소테븐 조엘 트락텐버그 조지워싱턴대학교 총장은 자신이 써온 수많은 글들 중에서 조영식에

22) Kwan Bong Kim, "Dr. Choue's American Flag Of Stars And Striripes At the Capitol Hill", *Global Leader with Great Vision,* The Publication committee of Global Leader with Great Vision (Seoul: 1996), pp.329-330.
23) 손재식 전 통일원 장관과의 인터뷰 2017. 5. 9. 14:00-15:30 자택방문.

대해 가장 기쁜 마음의 글을 쓴다고 제시하고 있다. 그는 말하기를;

'현대인의 진실한 귀감'

나는 약 15년간의 대학교 총장 경력을 비롯해서 20여 년간, 대학 행정가로 지내는 동안 많은 명예박사 학위를 수여했고 수많은 표창 및 오찬과 만찬의 자리에서 연설을 하였으며 참으로 헤아릴 수 없는 감사와 지지의 글을 썼다. 그러나 경희대학교 설립자이자 총장이신 조영식 박사에 대한 존경심으로 우러나오는 생각들을 글로 쓰는 지금처럼 기쁜 순간은 거의 없었다.

한국이 이룬 국가적 또는 국제적 사업 중에서 조 총장이 기여한 공헌이야말로 엄청나게 큰 것이므로 여기에 몇 가지를 요약해 보겠다.

· 아시아 모범마을 협의회의 사업이 잘 살기운동의 방법을 따르게 한 것
· G.C.S클럽 국제운동
· 한국 일천만 이산가족 재회추진운동
· 제2적십자 국제운동 및 전쟁의 인도화 운동
· 국민화합운동

이러한 운동들이 조 박사의 이름을 한국에서는 삼척동자도 알게 만든 그의 업적 중에서 가장 눈에 두드러지는 것이다.[24]

조영식은 유엔을 무척 사랑하였다. 미국 정치학회 회장 조지 팔먼 교수는 조영식과 유엔과의 관계에 대해, "유엔이 좋은 시절에 있어서나 어려운 시절에 있어서나 이 국제기관에 대하여 특별한 관심과 함께 좋은 관계를 유지하고 있다."[25]고 피력하였다. 그는 강조하기를:

---

24) 소테븐 조엘 트락텐버그, 조지워싱턴대학교 총장, "현대인의 진실한 귀감", 인간 조영식박사 101인집 출간위원회, 『미원조영식박사 교단50주년기념 인간 조영식박사 101인집』, pp.156-159.
25) 노먼 D. 팔머, 전 미국 정치학회 회장·미국 펜실바니아 대학 정치학 명예교수, "시대가 낳은 위대한 국제주의자", 인간 조영식박사 101인집 출간위원회, 『미원조영식박사 교단50주년기념 인간 조영식박사 101인집』, pp.184-186.

'시대가 낳은 위대한 국제주의자'

조영식 박사님은 물론 자신의 조국에 헌신적인 분이면서도, 시대가 낳은 위대한 국제주의자(internationalist) 중의 한 분이다. 오랫동안 그분은 100개국 이상을 여행하였으며, 숱한 국제회의에 참석하고 이 회의들을 직접 주재하시면서 헤아릴 수 없이 많은 연설을 하셨다.

그분이 세계정세의 흐름에 끼친 영향도 심대하였다. 그분은 국제교육과 세계평화 분야에 있어서 많은 사상적, 행동적, 지도자들은 물론 온 세계인들을 고무시켰다.

조 박사님은 국제관계 분야사전(Lexicon)에 "오토피아", "팩스 유엔", 그리고 "지구협동사회(GCS)"라는 신 용어를 추가하신 분이다.

이분은 유엔이 좋은 시절에 있어서나 어려운 시절에 있어서나 이 국제기관에 대하여 특별한 관심과 함께 좋은 관계를 유지하고 있다.

조 박사님은 이상주의자이지만 언제나 대안을 가진 분으로서 신념과 함께 실천력을 지닌 분이다.[26]

안토니오 카르도나, 콜롬비아 아메리카대학 총장은 조영식이 '평화'와 '인류의 복지'를 위해 세계 각 국을 끊임없이 달려 온 노력과 공적을 높이 평가하고 있다. 그는 피력하기를;

'항상 빛과 더불어 오시는 어른'

총장님, 당신은 아무런 좌절감 없이 그리고 아무런 주저함도 없이 그러한 먼 길을 홀로 걸어 오셨습니다. 당신은 세계(world)와의 끊임없는 만남을 위하여 아주 먼 거리를 여행하셨으며, 그런 생동감 있는 세월들을 더욱 확고하게 만들었습니다.

당신의 주된 사상이 바로 평화 또는 인간사회에서의 완전한 복지(福祉)임을 압니다. 인간의 본질적인 상념에 있어서도 평화는 문서의 형식이 아니라 가치 있는 삶의 내용인 것입니다. 다시 말해 그 영원한 의지란 상충되는 두 극을 조화시키는 것이며, 그러한

---

26) 노먼 D. 팔머, 전 미국 정치학회 회장·미국 펜실바니아 대학 정치학 명예교수, "시대가 낳은 위대한 국제주의자", pp.184-186.

반대되는 것들을 같게 만드는 것입니다.

인간은 또한 한쪽 자유의 주인이고, 그 자유란 그가 생을 영위하는 동안 많은 결정을 하도록 하는 것인데, 그것을 당신은 "의지(Will)의 선택"이라고 명명(命名)했습니다. 인간사회는 모든 이상의 세계와 만나게 됩니다. 특히, 모든 선과 만나게 된다는 것입니다.

조영식 총장은 현대문명에 대해 의도적으로 비평을 하게 되는데 그 현대문명이란 그것의 실추와 인간의 무관심으로부터 나온 종잡을 수 없는 행위에 묶여 있다는 것입니다. 그 문명의 오점이란 종교와 사상을 망각함으로써, 그리고 새로운 자기 편리위주의 편견의 결과로 또한 돈을 떠받듦으로써, 그리고 인간성을 상실한 기계화의 결과이기도 합니다.[27]

미국 센트럴 커네티컷 주립대학교와 영 W. 슈메이커 총장은 1991년 10월 22일 커네티컷 주 뉴브리튼에서 조영식에게 명예인문학박사 학위를 수여하였다. 그는 조영식이 인류에게 새 비전을 심어주는 사람이라고 평가하였으며 학위 수여식에서 말하기를;

(조영식은) 평화복지대학원이라는 특이한 이상을 가진 교육기관을 포함한 대학을 세웠으며, 많은 연구소와 두 개의 박물관을 세웠던 것이다. 이들 모두는 매우 독특한 방법으로 세계 평화를 실현하고자 하는 그의 의지를 학생들과 교수들에게 오랫동안 명백하면서도 변치 않는 증거로써 보여주고 있는 것이다. 1991년부터 오늘에 이르기까지 세계대학총장회와 유엔은 대학 수준에서의 군비통제 및 안보, 평화에 대한 수업과 커리큘럼을 통하여 평화를 제고하려는 노력을 함께 하고 있다. 이러한 공동 노력은 조영식 박사의 삶과 행동, 그리고 정신을 반영하고 있는 것이며, 이를 통한 세계적인 네트워크의 구성과 평화로운 세계를 가능케 하려는 셀 수 없이 많은 노력의 결실들이었다.

그의 삶과 행동은 온 인류를 위한 보다 나은 평화로운 세계를

---

27) 안토니오 카르도나, 콜롬비아 아메리카대학 총장, "항상 빛과 더불어 오시는 어른", 노먼 D. 팔머, 전 미국 정치학회 회장·미국 펜실바니아 대학 정치학 명예교수, "시대가 낳은 위대한 국제주의자", 인간 조영식박사 101인집 출간위원회, 『미원 조영식박사 교단50주년기념 인간 조영식 박사 101인집』, pp.184-186.

만들기 위한 비전을 함께 하고자 하는 우리 모두에게 좋은 모범이
되고 있는 것이다.[28]

조영식은 Pax UN을 통한 세계평화 구축을 주장하였다. 'Pax UN'
이란 세계평화를 주재하는 기구로서, 또 앞으로의 세계평화를 총괄
하는 주체로서의 유엔을 말한다. Pax UN은 "지구협동사회의 건설
을 목표로 세계적 보편성을 갖는 자유와 민주의 바탕 위에서 인류의
공동번영을 추구하면서 평화를 확립하기 위한 국제기구로서 유엔을
강화하는 것"을 말한다. 새로 강화된 유엔은 정치·외교·군사면 에
중점을 두는 "평화수호(Peace Keeping)"의 유엔뿐만 아니라 보다 적
극적으로 경제·문화·사회·외교·친선 등 광범위한 활동을 하는
"평화구현(Peace Making)"을 하는 유엔을 말한다.[29] 이는 점진적으
로 추진해 나가야 한다.

따라서 각 회원국들의 정치적인 문제 등 그 나라에 필요한 문제들
은 주권 국가에 맡기되 국제평화와 안전을 유지할 수 있는 일과 또
국가들이 개별적으로 처리할 수 없는 국제사회와 관계되는 일 그리
고 또 해서는 안 되는 일 등을 모두 유엔에 맡겨 해결하고 그와 같
은 위임사항에 관하여서는 모든 회원국들이 절대 복종하도록 해야
한다는데 Pax UN의 특징이 있다.[30]

특히 조영식은 인류공동체를 고찰함에 있어서 인간중심주의에 기
초하고 있기 때문에 국가중심주의를 취하지는 않는다. 그것은 국가

---

28) 영 W. 슈메이커, 미국 센트럴 커네티컷 주립대학교 총장, "인류에게 새 비전을 심어주는 사
람", 노먼 D. 팔머, 전 미국 정치학회 회장·미국 펜실바니아 대학 정치학 명예교수, "시대가
낳은 위대한 국제주의자", 인간 조영식 박사 101인집 출간위원회, 『미원 조영식박사 교단50주
년기념 인간 조영식 박사 101인집』, pp.334-336.
29) 1984년 7월 태국 방콕에서 열렸던 제7차 세계대학 총장회의에서 이 회의의 영구명예 회장인
조영식은 "Pax UN을 통한 세계평화"라는 기조연설에서 Pax UN을 통한 세계평화정착 방안을
발표하였다; 송병록, "Pax UN론," 경희대 인류사회재건연구원, 「오토피아」, 제14권 제1호,
1999, pp.113-114.
30) 하영애, 『밝은사회 운동과 여성』, (서울: 범한서적, 2005), pp.204-205.

중심주의가 국수주의 등으로 흐를 때 야기되는 폐단을 잘 알고 있기 때문이다. 즉, 그는 일찍이 국가의 임무는 인류의 복지를 위해 일하는 데 있으므로 오늘날 국민국가들은 인류를 통치하는 데 있어서 단지 국가적 단위들로서만 인정되어야 한다고 지적하였다.[31] 뿐만 아니라, 그가 국가 안의 민주주의 또는 그가 말하는 보편적 민주주의를 역설했던 것처럼 인류사회는 국제적 민주주의를 추구해야 한다고 주장한다. 그 이유는 국제사회라는 것도 근본적 의미에 있어서는 국가사회와 그 내부적 민주주의의 확대된 형태일 뿐이기 때문이라는 것이다.[32] 그는 유럽의 정치체제에 있어서 중세 봉건체제로부터 근대 국가체제로의 전환 그리고 국가 내 전제적 군주체제에서 자유적 민주체제로의 혁명적 변화가 있었음에 주목한다. 같은 맥락에서 그는 국가공동체들이 역사적으로 국민들의 필요에 따라 성립된 것처럼 오늘날 새로운 시대의 필요에 부응하기 위해 여러 가지 다양하고 더 큰 규모의 정치공동체가 등장할 수 있어야 한다고 주장한다.[33] 그는 이미 1950년대 초 문화세계, 세계국가, 또는 세계 공동체를 위한 하나의 모델로서 전 지구적 수준에 있어서 정치공동체에 대한 견해를 제시하였다. 이 구상에 따르면 문화세계 또는 문화세계 공화국이라는 기치 아래 이 조직은 국제민주주의에 기초하는 행정 구조를 가지고서 국경을 넘어 확대되어야 한다는 것이다.[34] 이러한 그의 견해는 이후 약간의 용어 변화를 보여주면서도 그대로 유지되었다. 즉, 그는 이제 지역협동사회(Regional Cooperation Society)와 지역공동사회(Regional Common Society) 그리고 지구협동사

---

31) 조영식, 『문화세계의 창조』, (문성당, 1951), p.109.
32) 조영식, 『문화세계의 창조』, pp.274-275.
33) 조영식, 『문화세계의 창조』, p.108.
34) 조영식, 『문화세계의 창조』, p.344, pp.338-339, p.352.

회(Global Cooperation Society)와 지구공동사회(Regional Common Society)라는 새로운 개념을 제시하며 그 실현을 주창해왔다. 그는 이러한 초국가적 사회들이 자유, 평등, 그리고 공영에 기초하는 보편적 민주주의 위에 수립되어야 한다고 하였다. 이제 오늘날 인류는 점차 상호 의존화 되어가는 세계 속에서 집단적 공동운명 하에 놓여 있는 인간 가족이 되었다고 보는 것이다.35) 조영식은 지구공동사회라는 그의 비전속에 그 전 단계 또는 중간단계로서 지역협동사회(Regional Cooperation Society) 또는 지역공동사회(Regional Common Society)라는 구상을 가지는 데 그는 이에 대하여 다음과 같이 부연설명한다.

> …21세기 초반부터 배타적 국가주의 시대가 아닌 국가를 토대로 한 지역주의, 국제주의 시대 가 될 것으로 봅니다. 유럽의 EC가 왜 통일국가를 만들려고 하고 있습니까? 나는 그와 같은 사회를 GCS의 전 단계인 RCS(Regional Cooperation Society), 즉 지역협력사회라고 말합니다. 앞으로는 국가 단위가 아닌 RCS(Regional Confederate States), 즉 지역 국가 사회가 생기게 될 것으로 봅니다. 그러한 성향을 띤 지역협력체들의 예가 EC와 NAFTA, APEC, ASEAN, OAU, Arab Community 등이라고 하겠습니다. 이것들이 나중에는 Global Cooperation Society, 즉 지구협동사회에서 Global Common Society − 지구공동사회, 또는 Global Confederate States − 하나의 세계국가연합으로 나아가게 되는데 우리는 그와 같은 앞날의 큰 목표의 구현을 바라보며… 밝은 사회운동을 펴고 있습니다.36)

사실 오늘날 유럽공동체가 설립되는 데 있어서 그 초기에 있어서 크게 기여한 지도자 중 한 사람인 장 모네(Jean Monnet)는 기존의

---

35) 오영달. 하영애, "칸트의 영구평화론과 조영식의 오토피아 평화론 :세 수준의 이론적 분석" 『아태연구』제 17권 제2호 (경희대학교 국제지역연구원, 2010), pp.149-167.
36) 조영식, "21세기 민주주의와 팩스 UN을 통한 신 국제질서", 조영식 『아름답고 풍요하고 보람 있는 사회』, 제2권 (서울: 경희대 출판국, 2003), p.663.

국가주권이라는 장애물을 극복하기 위하여 기능적 접근을 함으로써 먼저 석탄과 철강 분야에 초점을 두어 지역협력을 추구했었다[37]. 조영식이 이처럼 국가중심주의를 넘어 오늘날 논의되고 있는 다층적인 공동체에 기초한 세계 질서를 전망함에 있어서 기존의 국가주권 개념의 문제를 어떻게 접근하고 있는가 하는 질문을 가질 수 있다. 왜냐하면 주권의 의미는 일반적으로 "국가의 최종적이고 절대적이며 그 밖에는 존재할 수 없는 권위"[38]로 정의되는데 조영식이 인간 중심주의에서 출발하여 국가중심주의를 넘어 지역공동사회, 지구공동사회를 논의하기 위해서는 이러한 기존 주권개념의 극복이 선행되어야 하기 때문이다. 그는 결국 이러한 문제를 주권 개념에 대한 새로운 접근을 통해서 해결하고 있다. 조영식은 일찍이 1948년의 민주주의 자유론—자유정체의 탐구에서 주권의 개념을 논의하면서 주권을 '전제적 주권'과 '민주적 주권'으로 분류하며 후자를 옹호하였다[39]. 그는 대통령제 국가에 있어서 대통령은 그 자체로 주권을 행사할 수 없으며 다만 국민을 대표하여 그들의 주권을 발동시키기 위하여 집행권을 행사할 뿐이라고 하였다.[40] 이러한 그의 견해는 실질적 내용에 있어서 대표적인 자유주의 정치사상가인 존 로크(John Locke)와 상통하는 점이 있다는 것을 주목하지 않을 수 없다. 즉, 일찍이 로크는 궁극적으로 최고의 주권은 국민들에게 있으며 통치자는 다만 이들에 의해 신탁된 파생적 주권을 행사하는 것이라는 주장을 했었다[41]. 조영식의 논의에서는 심지어 개인의 주권 개념까지도

---

37) Dinan, Desmond, Ever Closer Union : *An Introduction to the European Integration*, second edition. (London : Lynne Rienner Publishers, 1999), pp.11-28.

38) Hinsley, H.F. *Sovereignty*, (Cambridge :Cambridge University,1986), p.26.

39) 조영식, 『민주주의 자유론』(서울: 한일공인사, 1948), pp.143-145.

40) 조영식, 『민주주의 자유론』 p.145.

41) Locke, John, *Two Treatises of government*, Peter Laslette(ed.), (Cambridge :Cambridge University Press,1960), p.35.

읽어질 수 있는데 조영식의 인간중심주의는 인간의 생명이 그 자체로서 가장 중요한 존재요 절대적인 가치라는 인식에 기초하고 있는 것처럼 주권의 의미와 개인의 근본적 자연권은 어떤 면에서 그 의미가 상통하기 때문이다. 따라서 박상식이 조영식의 주권론은 실제에 있어서 개인의 주권을 의미한다고 말한 것은[42] 제대로 된 해석이라고 할 수 있다. 일단 주권의 본원이 개인이 되면 그 집합체로서 국민의 주권이 존재할 수 있고 또 이로부터 다양한 수준의 필요에 따라 파생적 주권들이 존재할 수 있게 되는 것이다. 실제 이러한 의미의 주권에 대한 논의는 칸트도 시도했었다. 즉, 기본적으로 자유주의자로서 칸트는 국민들에게 속하는 본래적 주권과 통치자들에게 부여되는 파생적 주권을 구분하고 있었던 것이다.[43] 조영식은 오늘날 지구공동사회에 있어서 유엔의 역할을 중시하여 모든 국가와 민족의 보편적 주권에 기초하는 '유엔을 통한 평화론(Pax UN)'도 제시한다.[44] 이러한 팩스 유엔론에 있어서 유엔은 국가 대표들에 의한 편협한 국가 이익의 경쟁장이 아니라 '세계평화와 인류복지'라는 전 인류 공동이익의 문제들이 진지하게 논의되는 광장이 되어야 한다는 것이다. 이와 관련하여 최근 파술로(Linda Fasulo)는 유엔이 오늘날 변화해가는 세계에 있어서 그 적실성을 유지하기 위해서는 국가 대표들보다는 국민들에 대해 더 많은 초점을 두어야 한다고 지적한 적이 있다.[45] 물론 이러한 논의와 관련하여 아직 유엔이 독자적 행

---

42) 오영달. 하영애, "칸트의 영구평화론과 조영식의 오토피아 평화론 :세 수준의 이론적 분석" 『아태연구』제 17권 제2호 (경희대학교 국제지역연구원, 2010), pp.149-167.
43) Kant, Immanuel, *Kant: Political Writings*. by Hans Reiss(Cambridge: Cambridge University Press, 1991), pp.24-25.
44) Choue, Young Seek, *Toward the Global Common Society* (3. Vols.) (Seoul : Kyung Hee University, 2001), p.232.
45) 오영달. 하영애, "칸트의 영구평화론과 조영식의 오토피아 평화론 :세 수준의 이론적 분석" 『아태연구』제 17권 제2호, pp.149-167.

위자인가 아니면 국가들의 정책도구로서 제도적 틀인가에 대한 논쟁은 계속되고 있는 것은 사실이다.[46] 조영식의 세계사회에 대한 비전은 확실히 칸트가 그의 영구 평화론에서 논의했던 평화연맹과 어느 정도의 공통점을 보여주면서도 오늘날 시대적 변화를 염두에 둔보다 구체화된 구상이라고 할 수 있다. 그리고 이러한 비전은 오늘날 학계에서 활발히 논의되고 있는 지구의 다층적 거버넌스론과 이론적으로 연결되고 있다고 할 수 있다.

부트로스 부트로스 - 갈리 유엔 사무총장과 조영식의 우애와 교류활동은 많은 사람들 중에서도 특히 돈독하였다고 볼 수 있다. 특히 조영식이 설립한 대학원과정인 평화복지대학원에는 부트로스 갈리 사무총장의 글이 본관 건물의 벽면에 소장되어 있으며, 대학원생들에게 귀감이 되게 하고 있다.

'제 12회 유엔 세계 평화의 날에 부치는 축하 메시지'

본인은 제 12회 유엔 세계 평화의 날을 맞아 기념식과 국제 평화세미나를 준비하시느라 수고하신 조영식 박사님과 여타 관계자들에게 진심어린 축하를 보냅니다.
역사는 1945년 이후의 여러 해를 커다란 공포의 해로 상기하게 될 것입니다. 그 수십 년간 세계는 숨을 죽여 왔습니다. 세계는 핵 대전으로 인한 참화가 일어나지 않기를 기도했습니다.
오늘날 핵 대전의 위협이 사라짐에 따라, 우리는 일망의 안도감을 느끼고 있습니다. 그러나 이는 단지 약간의 안도감에 지나지 않을 뿐, 만족스러울 정도는 아니라고 하겠습니다. 오늘날 세계의 많은 사람들에게 있어서 평화는 불가능한 꿈으로 비쳐지고 있습니다. 유엔의 사명은 이 같은 꿈을 실현시키는 데 있습니다.

---

46) Weiss, Thomas G., David P. Forcythe and Roger A. Coate, *The United Nations and Changing World Politics* (Boulder : Westwiew Press, 2001), pp.12-15.

평화가 가능하다는 많은 징조들이 보이고 있습니다. 모든 고통과 방해에도 불구하고, 우리에게 희망을 주는 성공적인 일들이 있었습니다. 전엔 전혀 희망의 그림자조차 찾아볼 수 없던 중동에도 희망의 빛이 보입니다. 엘 살바돌과 캄보디아에도 역시 희망의 빛이 보입니다. 저는 라이베리아, 소말리아, 남아프리카, 중앙아시아, 그리고 그 밖의 지역들도 이러한 희망의 목록에 추가되리라는 사실에 대하여 확신하고 있습니다.

오늘날 우리는 자신들의 어리석음에 대하여 상기하면서, 우리의 업적에 대하여 축하하고 나아가 우리의 꿈들에 대해 외쳐 봅니다.

온 세상에 평화가 충만토록 하는 이 성스러운 일에 모두가 동참하여 주시길 기원 드립니다. 감사합니다.

유엔 사무총장, 부트로스 부트로스 – 갈리

유제나우즈 위즈너 유엔사무총장은 '팩스 유엔의 창안자'로써 조영식은 세계평화의 유지를 위해 많은 선언문과 결의문을 제안하였다. 한번 채택된 모든 선언 및 결의문들은 세계 각국 정부와 언론 기관, 평화 관련 기관들, 그리고 평화연구소에 배포되어 평화 자료로 보존되었다고 증언하였다. 또한 미래 세계의 질서에 대한 대도(大道)이자, 공식(formula)이라고 할 수 있는 팩스 유엔의 창안자로서 그분은 그 이념의 깊이와 전문적인 식견에 대하여 자부심을 가져 마땅하다고 생각한다[47]고 피력한다. 위즈너 유엔사무총장의 글을 고찰해 보자.

'팩스 유엔의 창안자 조영식 박사'

그분의 명성과 국제적인 영향은 내가 1993년도 대전 세계박람회에 유엔 대표로 부임하여 직접 만나 뵙기 이전에도 익히 인지하고 있었다. 그분의 사무실에서의 첫 만남과 그 후의 많은 조우를

47) 유제니우즈 위즈너, 유엔 사무차장·대전 EXPO 주재 유엔대사, "팩스 유엔의 창안자 조영식 박사", pp.107-112.

통해서 나는 유엔에 대한 그분의 관심과 열렬한 성원에 대하여 그리고 평화를 수호하고, 평화를 이룩하는 데 있어서의 뛰어난 활동들에 대하여 한결같은 존경과 감명을 받았다.

조영식 박사는 세계 평화의 유지를 위해 많은 선언문과 결의문을 제안하셨던 것이다. 한 번 채택된 모든 선언 및 결의문들은 세계 각국 정부와 언론 기관, 평화 관련 기관들, 그리고 평화연구소에 배포되어 평화 자료로 보존되었다.

조 박사의 초청에 의하여 나는 유엔: 평화의 의제(UN: An Agenda for Peace)란 제목의 기조연설을 했다. 이 연설을 위하여 연구하고, 준비하는 가운데 나는 조영식 박사의 모든 이념들과 그분의 팩스 유엔에 관한 개념이 유엔 사무총장이 유엔 총회와 안전보장이사회에 제출한 종합보고서 '평화의 의제'에서 제시하고 있는 모든 것들과 얼마나 일치하고 있는지, 그리고 조 박사님이 유엔의 일에 대하여 얼마나 열렬히 지원을 하고 있었는지에 대하여도 너무나 많은 것을 알게 되었다.

(This year (1993), I was privileged to address the 12th Commemorative Ceremony and the International Peace Seminar on the UN International Day of Peace, September 21, 1993, held at the Graduate Institute of Peace Studies, Kyung Hee University. It was a memorable occasion, and a special message from the UN Secretary-General Boutros Boutros-Ghali was received from the UN Headquarters. At Chancellor Chouse's invitation, I delivered a keynote address on "The United Nations: An Agenda for Peace." And it was precisely when researching and preparing that address I realized how much Dr. Choue's ideas and concept of Pax UN parallel and support those of the Secretary-General as presented in his "An Agenda for Peace." The author of Pax UN, as a formula for the future world order, can certainly be proud of the depth of ideas and their expert presentation.)[48]

그 외 미국의 센트럴 커네티컷 주립대학에서 조영식에게 명예 인문학 박사학위를 수여하였다. 수여식 후 행한 연설의 제목이 "냉전

---

48) Eugeniusz Wyzner, "Dr. Young Seek Choue, The Man Who Coined 'Pax UN'", *Global Leader with Great Vision*, The Publication committee of Global Leader with Great Vision (Seoul: 1996), p.66.

후 세계에 있어서의 미국의 새로운 역할과 사명"이었다. 내용의 요지는 미국이 강한 나라(strong nation)를 지향하기 보다는 위대한 나라(great nation)가 되어야 한다는 요지의 연설로서, 화해의 시대에 즈음하여 강대국의 역할과 사명은 힘으로써가 아니고 진실한 지도력을 갖춤으로써 완수될 수 있다는 내용을 담고 있었다. 또한 1985년 미국 알라스카대학교의 졸업식에 초청연사로서 행한 연설의 주제는 "다가오는 환태평양 시대에 있어서의 위대한 미국"이라는 연설도 크게 화제가 되었다.

함께 참여했던 교수들과 일행들 사이에서 70의 연세에도 불구하고 열심히 활동하는 조영식 총장에게 무리하시지 않았으면 하는 마음을 갖는다. "저런다고 쌀이 생기나, 연탄이 생기나?" 그러나 이 분을 보며 이 분의 주위에서 일하는 모든 사람들이 공통적으로 느끼는 것이 있다. 이건 말릴 수도, 누가 어쩔 수도 없는 일이라는 것이다. 그러니 일을 위해 태어나셨다고 밖에 할 수 없다는 것이다.[49]

앞에서 미국과 유엔의 민간외교에서 조영식이 펼친 다양한 활동을 고찰하였다. 그는 왜 미국과 유엔에서 민간외교를 펼쳤는가? 다시 말해 미국과 유엔의 민간외교에서 무엇을 이루어냈는가? 그는 평화에 대한 신념과 열정적 활동으로 유엔사무총장을 비롯하여 유엔의 관계자들, 세계의 많은 지도자들을 움직였다. 따라서 유엔으로 하여금 '세계평화의 날, 세계평화의 해'를 제정토록 함으로써 평화민간외교에 커다란 역할을 이루어 내었다. 이는 당시 국제적으로 평화 분위기를 조성하도록 일조를 하였고, 지금까지 각 국가는 세계평화의 날을 잊지 않고 평화스런 사회를 위해 노력하고 있다.

---

49) 박순백, "아, 어쩔 수 없는 평화주의자", 인간 조영식박사 101인집 출간위원회, 『미원조영식박사 교단50주년기념 인간 조영식박사 101인집』, pp.241-250.

2장_영국과의 민간외교

필자는 2017년 2월 10일부터 20일 까지 유럽 4개국을 다녀왔다. 먼저 영국을 방문하였고, 프랑스, 스위스 그리고 이탈리아의 일정이었다. 비록 금년에 출발하였지만, 기실 나의 유럽여행, 아니 옥스퍼드 대학의 페어리그 디긴스 대학을 방문하고자 기획했던 것은 그보다 훨씬 오래전이었다. 조영식이 자신의 꿈의 생활신조-정신적으로 아름답고 물질적으로 풍요롭고 인간적으로 보람 있는 B.A.R(Beautiful Society, Affluent Society, Rewarding Society: B.A.R)사회를 이루겠다는 신념으로 일본의 후지산에서 고심하던 중, 마지막의 보람 (REWARDING)을 깨우쳤던 그 후지산을 방문하였던 나는, 그가 교육을 위해 꿈꾸었던 산실, 옥스퍼드대학에 반드시 가보기로 생각하였다. 왜냐하면, 그는 옥스퍼드대학에서 세계대학총장회(The International Association for University Presidents: 이하 'IAUP')를 발족하였던 것이다. 그 후 이 IAUP의 조직과 탐구를 지속화 하는 전 세계적인 교육자의 역할로써 교육을 통한 민간외교의 기틀을 공고히 하였다. 영국과의 다양한 민간외교 중에서 대표적인 몇 가지를 고찰해본다.

1. 영국 옥스퍼드 대학과 세계대학총장회의(IAUP)의 산실

1960년대 중반 베를린 장벽의 축성과 쿠바의 미사일 사태가 양대 초강대국간의 전쟁을 촉발할 위기에 이르자 조영식은 세계적인 교육의 중요성을 깨닫고, 세계 고등교육 기관들의 상호협력과 교류의 목적을 가진 세계대학총장회의(The International Association for University Presidents: 이하 'IAUP')의 창립을 1964년에 논의하였다.[50] 여기에는 미국, 필리핀, 아프리카 등 대학총장 4명의 교육계지도자들과 그의 비전에 대해 논의하고 그들의 적극적인 동의를 받아내었다. 이 비전은 예측 및 실현가능하고, 현실적이며, 또 명확한 목표를 가진 스마트(SMART: Specific, Measurable, Attainable, Realistic and Tangible)한 비전으로 발전하였다.[51]

조영식은 어떻게 국내총장회의도 아닌 세계대학총장회의를 만들려고 했을까? 이를 통해 무엇을 이루려고 했을까? 그는 IAUP의 결성에 대해 다음과 같이 술회하고 있다.

> 나는 수년 전 부터 아시아 대학총장회의를 결성할 것을 계획하고 준비를 진행시켜오던 중 작년(1964년) 6월에 미국을 방문하였을 때 페얼리 디킨스대학 총장 삼마르티노(Peter Sammartino) 박사와 우연히 이런 말을 주고받다가 아시아 대학총장회의를 추진할 것이 아니라 세계대학총장회의를 결성하자는데 피차간에 합의

---

50) Won Sul Lee, The IAUP and Dr. Choue, *Global Leader With Great Vision*, p.475.
51) *Ibid.*, pp.475-476.

를 보았습니다. 그리하여 단시일내에 이 회를 결성하기 위한 준비를 진행시키기로 약속한지 불과 1년 수개월 만에 264개 대학의 가입을 보았으며, 또 1965년 6월 29일 영국 옥스퍼드대학에서 제1차 총회를 개최하였을 때는 182개 대학의 기관장과 기타 옵저버들과 함께 본인은 발기인의 한사람으로서 참여할 기회를 갖게 되었습니다.52)

제1차 IAUP 회의에서는 150여명의 대학총장들이 참여하였으며 아놀드 토인비(Arnold Toynbee)를 비롯하여 아더 노링톤(A.L.P. Norrington) 옥스퍼드 대학 총장 등이 기조연설을 하였고 조영식은 주제발표를 하였다.53) 이에 대한 자료가 최근 발견되어 경희대 박용승 국제교류처장이 이 자료를 도서관과 자신의 처장실에 게시해놓고 있다. 이 당시, 그러니까 지금으로부터 52년전인 1965년에 옥스퍼드대학에서 IAUP의 창립멤버들과 조 박사가 함께 찍은 역사적인 기념장면을 보는 것은 커다란 의의가 있다고 생각한다. 필자는 금년 2월10일 이 현장에를 다녀오는 가슴 설레는 기회를 가졌다. 런던 시내에서도 꽤 먼거리에 있으며 교통편도 쉽지않는 이 먼거리, 당시 유엔에조차 가입되지 않은 조그마한 나라 한국의 경희대학교 총장이 이역만리에서 와서 세계의 대학총장들이라는 대석학들을 한자리에 모아 대학의 교육문제를 논의하고자 한 것이다. 눈 내리는 교정에 서서 그 당시의 역사를 되새겨보면서 조영식 한 사람의 의지는 정말 대단한 것이라는 다시금 느끼게 되었다. 당시의 역사적 사진을 아래에서 살펴보자.

---

52) 조영식, 『우리도 잘 살 수 있다』 중에서.
53) Won Sul Lee, The IAUP and Dr. Choue, *Global Leader With Great Vision*, p.475.

(1965년 옥스퍼드 대 제1차 IAUP회의에 참석한 각 대학의 총장들, 조영식총장, 좌측 두 번째)

홍콩원동대학교 총장 라이쟈촤오(黎嘉潮) 박사는 조영식의 교육외교의 실천에 있어서 다양한 활동을 제시한다.

> 조 박사는 1965년도에 IAUP(세계대학총장회)를 창설하는 데 있어서 공헌했고 제2차 IAUP총회를 대한민국 경희대학교에 유치할 수 있었고 그때부터 회장 직을 계속 3회를 연임(3년 임기)하는 동안에 오대양 육대주를 동분서주하여 세계 각국의 학술계와 저명인사들을 단합하고 규합시켰을 뿐만 아니라 역할의 분담과 합작을 기함으로써 위대한 도덕을 빛내어 정신적으로 아름답고 물질적으로 풍요롭고 인간적으로 보람을 찾는 "오토피아"를 실현시켜 간 인물이다.[54]

그런데 혹자들 중에는 이 IAUP의 회장에서 '영구 명예회장'이라

---

54) 라이쟈촤오(黎嘉潮), 香港远东大学校总长 香港教授联合会 会长 中华民国 立法委员, "밝은사회 운동과 세계평화의 주춧돌", 인간 조영식박사 101인집 출간위원회, 『미원조영식박사 교단50주년기념 인간 조영식박사 101인집』, pp.197-200.

는 대목에 대해서 의아심을 가질 수도 있다. 이에 관해 라이 총장의 글은 이러한 의구심을 명쾌하게 대변해 주고 있다. 그는 말하기를 "이 운동은 이미 인류세계에서 대방이채(大放异彩)를 띠고, 눈부시게 빛나(光芒万丈)고 있다. 그러므로 IAUP에서는 제4대 회장도 (조영식 박사를) 역임시켜야 한다는 여론이었으나 본인이 완곡하게 사양함으로 대신 IAUP 영구명예회장 겸 영구 상임이사로 추대했던 것이다."[55] 그는 조영식에 대한 활동내용을 상세하게 설명하였는데 특히 조직력을 발휘했던 '밝은사회 국제본부(GLOBAL COOPERATION SERVICE)의 세계평화운동과 마닐라의 IAUP 개막 기조연설에서 발표한 대학 교육을 통한 세계평화의 구현에 대해서 크게 지지하고 있음을 알 수 있다.

조 박사가 IAUP회장으로 재임하는 동안에 이루어 놓은 수많은 업적 중에서 가장 값진 업적이라면 바로 '밝은사회 운동과 세계평화에의 기여'라고 하겠다. 조 박사의 사려 깊은 판단에 전폭적인 지지를 했던 것은 1971년에 필리핀의 마닐라에서 개최된 세계대학총장 학술대회 개막 기조연설에서 발표한 "교육을 통한 세계평화의 구현"이었다. 대학교육은 국제간의 진정한 평화를 위해 공헌해야 하고 또한 국제분쟁을 제거하는데 앞장 서야 한다는 것이었다. 왜냐하면 평화는 인류생존의 전제이며, 사회생활의 기초이기 때문이다. 80년대를 전후하여 국제분쟁을 예측할 수 없는 위험수위에 도달하여 핵무기 개발의 절정을 이루어 핵전쟁을 수반하는 제3차 대전의 위기감이 감돌 때 조 박사는 1981년에 코스타리카의 산호세에서 개최된 IAUP 개막 기조연설을 통해 미·소 양 대국이 보유하고 있는 핵무기의 수요를 통계학적으로 분석 제시하고 그 가공할 만한 위력 즉, 전 인류를 60번 살상하고도 남을 정도라는 사실의 구체적 숫자를 나열하면서 우리가 이와 같은 위기를 막지 못한다면 승자도 패자도 없는 인류의 파멸과 동시에 이

---

55) 라이쟈챠오(黎嘉潮), 香港远东大学校总长 香港教授联合会 会长 中华民国 立法委员, "밝은사회 운동과 세계평화의 주춧돌", 인간 조영식박사 101인집 출간위원회, 『미원조영식박사 교단50주년기념 인간 조영식박사 101인집』, p.197.

지구가 파괴될 것이라고 역설하였으며 이러한 절규에 찬 호소를
하면서 제의한 것이 바로 "세계평화의 날, 평화의 달, 평화의 해"
의 제정이었던 것이다.[56)

　　이 안건은 IAUP 전체 회원의 전폭적인 지지를 받아 1981년 UN
총회에 상정되자 157개 회원국들이 기다리기라도 하였다는 듯이 만
장일치로 지지·통과되어 매년 9월 제3주 화요일을 "세계평화의
날"로 제정하였고, 그뿐 아니라 그 다음 해 82년, UN총회에서 다시
1986년을 "세계평화의 해"로 제정, 공포하였다. 이에 자극받은 미·
소 강대국 정상들은 그 후 "레이캬빅 정상 회담"을 위시하여 "워싱
턴 회담" 등을 통해 "핵무기 확산금지조약"의 체결, "해외 주둔 국
감축" 발표 등으로 인해 일련의 실제적 평화 무드가 조성되어 갔고,
유럽에서는 이미 EC, 즉 구주공동체를 들고 나와 1992년에는 유럽
이 하나의 연합국가 즉 "대 협동사회"의 구성을 눈앞에 두었고, 동
남아에서도 AFTA란 연합체의 움직임이 일어나게 되었다. 또한 소
련이 "페레스트로이카"의 선언으로 급진적인 대변혁을 단행하자 일
순간에 동구권 국가들이 붕괴되는 사태로 국제질서가 세계적으로
혼란되는 것을 가리켜서 조 박사는 '제3민주혁명'이 일어나고 있다
고 지적하고 "새로운 국제질서"를 잡아가야 하는데 그의 궁극적 목
표가 "인류의 대 협동사회의 구성"이라고 주장하였다.[57)

　　제2차 IAUP회의는 1968년에 경희대학교에서 거행되었고 이 행사

---

56) 라이쟈촤오(黎嘉潮), 香港远东大学校总长 香港教授联合会 会长 中华民国 立法委员, "밝은사회
　　운동과 세계평화의 주춧돌", 인간 조영식박사 101인집 출간위원회, 『미원조영식박사 교단50주
　　년기념 인간 조영식박사 101인집』, p.197.
57) 라이쟈촤오(黎嘉潮), 香港远东大学校总长 香港教授联合会 会长 中华民国 立法委员, "밝은사회
　　운동과 세계평화의 주춧돌", 인간 조영식박사 101인집 출간위원회, 『미원조영식박사 교단50주
　　년기념 인간 조영식박사 101인집』, p.197.

에는 세계의 석학들과 한국의 국가원수가 직접 회의장에 도착하여 축하연설을 하였다.[58] 이 대회의 개최는 국민총생산(GNP)이 80여 불 밖에 안 되는 당시의 국가현실로 보아 지극히 어려운 일이었으나, 상아탑에서의 평화교육의 중요성과 이에 대한 세계지성인들의 역할을 강조함으로써 이들의 동참을 이끌어내었으며 조영식 특유의 조직력과 불굴의 의지력으로 성공할 수 있었다고 하겠다.

(1968년 경희대학이 개최한 제2차 IAUP회의시 회장 및 의장으로서 기조연설하는 조영식)

그 후 조영식은 1971년에 필리핀 대학총장연합회가 주최한 마닐라 시 창설 400주년기념 세계대학총장회의(WCUP)에서, '교육을 통한 세계평화의 구현(World Peace through Education)'이란 주제로 기조강연을 하였으며, 제4차 IAUP회의를 보스턴에서 개최하였을 때, 그는 기조연설에서 "오늘의 대학은 정신적 심연에서 허덕이는

---

58) 당시 중앙일보는 한국 신문 역사상 처음으로 회의장의 광경들을 전면 천연색 사진으로 실었고, 이 대회를 기념하는 기념우표가 발행되었다. 중앙일보, 1968. 6. 18.

인류를 건져 내야한다"고 강조하고 특히 그 실천방안으로 '평화지향의 교육'을 제시하였다. 조영식의 이처럼 다양한 국제학술회의 개최의 원래의 목적은 전 세계 지성인들이 한자리에 모여 현대문명의 위기를 진단하고 세계평화의 길을 모색하자는 것이었다.[59] 조영식은 국제적으로는 IAUP 활동을 통해 세계 상아탑에서 평화의 실천을 강조하였고 국내적으로는 자신이 설립한 경희대학교에서 평화이념을 실천하였다. 또한 그는 갈퉁이 주장한 대학원과정에서 평화학 석사들을 배출해내었으며[60] 이들은 다양한 훈련과 실천을 통해 세계각지에서 평화분야에 주목할 동량으로 성장해나가고 있다.[61]

세계평화와 교육을 위해 기여한 조 박사의 공적을 누가 감히 부정할 수 있으랴! 라이 총장은, 조 박사에게 선각자적 식견과 판단력이 없었던들 어찌 IAUP(세계대학총장회)를 구성할 수 있었으며, 투철한 이념적 철리(哲理)를 지닌 교육가가 아니었던들 어떻게 IAUP를 통해 세계고등교육의 방향을 영도할 수 있었고 또한 초강대국 수뇌들에게 전쟁은 억제되어야 한다는 교훈과 함께 강력한 제지를 촉구시킬 수 있었을까?[62] 라고 조영식의 업적을 구체적으로, 그리고 진심어린 찬사를 보내고 있음을 알 수 있다.

---

59) 『학문과 평화, 그 창조의 여정-경희학원 설립자 미원 조영식 박사』, (서울: 경희대학교 출판문화원, 2014), pp.156-157.

60) 심지어 평화전문교육기관 평화복지대학원(The Graduate Institute of Peace Studies-GIP로 약칭함)을 설립하여 학생정원 100명에 6개 학과에 26개 전공을 세분화하고 석사과정의 교육이 이루어졌다. 특히 평화학과에서는 평화학 전공, 국제기구 전공, 분쟁조정전공, 통합이론 전공, 평화통일 전공으로 세분화 하였으며 이들 재학생들은 모두 전액장학생으로서 교육에만 전념할 수 있도록 배려하였다. 이 학교는 2014년에 창립30주년을 맞이하였다.

61) 필리핀의 페드로 교수, 연세대학의 문명재 교수, 충남대의 오영달 교수, 경희대학의 신상협, 홍기준 교수 등 약 40명의 교수와 학자들을 비롯하여 평화운동가로서 미국 할렘가에서 인권운동을 하고 있는 최상진 목사, 동티모르대학의 최창원 등 졸업생 총 403명을 배출하였다. 『평화복지대학원 25년사 (1984-2010)』, (평화복지대학원 발행, 2015), p.202.

62) 라이쟈촤오(黎嘉潮), 香港远东大学校总长 香港教授联合会 会长 中华民国 立法委员, "밝은사회운동과 세계평화의 주춧돌", 인간 조영식박사 101인집 출간위원회, 『미원조영식박사 교단50주년기념 인간 조영식박사 101인집』, pp.197-200.

2. 영국의 로마클럽과 한국 인류사회재건연구원의 국제회의

인류사회재건연구원장을 역임한 김기형 박사는 국가 비상사태에서도 국제적인 학술기관인 로마클럽과 인류사회재건연구원이 공동으로 개최하는 「21세기의 전망과 대책」의 국제학술회의를 개최할수 있게 된 조 박사의 굳은 소신과 자세를 높이 평가하였다. 김기형박사는 제시하기를, 미원 선생님은 칸트가 만년(晩年)에 평화연구에몰두했다시피 평화의 세계화에 앞장서게 되었다. 세계대학총장회의영구 명예회장으로서 동분서주하면서 UN 총회에서 "평화의 날","평화의 해"를 만장일치로 제정하는 위업을 관철시켰다. 그 당시 우리 한국은 분단국가로서 UN 정회원국이 못되는 역경 극복이라는 면에서, 미원 선생은 치밀하고 투철한 범세계적 인류차원의 실천력·기획력을 지닌 불세출의 인류 지도자요, 세계적 교육자로 부각되었다. 1979년 10월 26일 박대통령 시해사건으로 전국에 비상계엄이 선포되었을 때 당시 인류사회재건연구원과 로마클럽 공동으로『21세기의 전망과 대책』이라는 국제 심포지엄을 개최하려는 전야였다. 해외에서 저명한 학자도 많이 도착해 있었으므로 회의 개최여부를 정부측과 협의했으나, 계엄 하 이므로 일체 행사가 불가능하다는 정부의고집을 꺾고 장소 사용허가를 얻어 미원선생의 소신대로 그 경황 속에서도 침착하게 행사를 치렀다.[63]

1980년대에 들어오면서 조 총장은 특히 세계평화에 관심을 집중시켜 국제평화연구소(1979)를 설립하였다. 또한 "평화는 개선보다

---

63) 김기형, 대한민국 초대 과학기술처장관·전 인류사회 재건연구원장, "불세출의 인류 예언자", 인간 조영식박사 101인집 출간위원회, 『미원조영식박사 교단50주년기념 인간 조영식박사 101인집』, pp.337-340.

귀하다"(1981), "평화의 연구"(1984), "세계평화대백과사전"(1986) 등이 연속적으로 출판되어 그의 평화에 대한 이론과 실제가 종합되었다. 특히 평화백과사전은 영국의 세계적인 출판사 pergamon press 에서 간행되었다.

그는 영국, 프랑스, 미국식의 정치혁명과 소련의 경제혁명으로 도달하지 못한 '인류의 공영'과 '보편적 민주주의'라는 "제3의 통합적 민주혁명"에 대해 예언하고 있었다. '문화세계의 창조(文化世界의 創造)'라는 교시나 교육이념에 맞는 학문의 국제적인 협력을 위해 1980년대 초 '국제교류위원회'가 설립되었다. 조 총장의 국제적인 활동을 통해 이룩한 기반 위에서 학문의 국제적 교류는 경희대학을 더욱 세계 속으로 발전시키고 있다.64)

조영식은 1960년 이래 계속해서 많은 국제적인 문제들에 대한 지원과 함께 세계적인 규모의 기관들을 설립하거나 키웠다. 이들 중 최초의 것은 세계대학총장회(IAUP)라고 할 수 있겠으며, 이것은 한국에 있어서 대학교육의 발전을 위한 관심을 국제적으로 확대한 것이라고 하겠다. 이 협회는 1964년, 설립에 대한 조 박사의 공을 인정하여 영예장을 수여하였으며, IAUP는 1965년 이래 매우 많은 활동을 하고 있다. 그는 그 이후에도 IAUP로부터 많은 영예를 받게 되며 이는 교육의 영역을 넘어서 세계평화를 위해서도 이 협회의 영향을 펼쳐나가는데 대한 그의 공헌이 인정되었기 때문이다.

1981년에 유엔을 강화코자 하는 운동이 공식적으로 인정을 받게 된 이후에 이런 일은 보다 활기를 띄게 된다. 그의 계속적이고도 확신에 찬 활동에 힘입어 IAUP는 매우 놀라운 발전을 하게 된다.

---

64) 신용철, 독일 하이델베르그대학교 문학박사 · 경희대 교무처장, "창의적 예술과 불퇴전의 실천력", 인간 조영식박사 101인집 출간위원회, 『미원조영식박사 교단50주년기념 인간 조영식박사 101인집』, pp.391-395.

1984년에 그는 유엔사무총장으로부터 세계평화의 날을 제정토록 한 공과 함께 1986년을 세계평화의 해로 제정토록한 공을 인정받아 유엔평화상을 수여케 된다. 이에 덧붙여 조 박사는 유엔의 목적을 지원코자 하는 매우 실제적인 노력을 전개하였다. 하지만 이러한 노력은 여기서 간단히 언급할 수 없는 것이므로 생략키로 하겠다.

그러나 이들 중 약간만을 언급한다면 1984년에 유엔 평화기금으로 많은 돈을 기부하였으며, 같은 해에 국제 창작 도예전을 통해서 모은 기금을 유니세프에 기부하였으며, 1986년에는 서울 오페라단을 뉴욕에 파견하여 '세계평화의 해를 기념'하는 공연에 참여시키고, 경희대의 의료봉사단을 해외의 어려운 사람들을 위해서 파견하였던 것이다.

(Among the first of these, the International Association of University Presidents was a national extension of his concern for the advancement of university education in Korea. This association has been active since 1965, when it awarded him a Medal of Honour for his contribution to its foundation in 1964. He has received more honours from it since then, and some of them have been granted in recognition of his success in using the influence of the association beyond the field of education, for the cause of world peace.

This work increased from 1981 with the institution of the movement for strengthening the United Nations. Thanks to his persistence and determination, it made rapid progress. In 1984, he was awarded the UN Peace Medal by the Secretary General of the United Nations, to mark the leading part he had made in inducing the United Nations General Assembly to set up the annual International

Day of Peace in 1981 and, in 1982, to declare the year 1986 as the International Year of Peace.

In addition to these initiatives, Dr. Choue has made more practical efforts in support of the objectives of the United Nations; they are too numerous for all to be mentioned here, but they have included the establishment of a UN Peace Fund, which made a large donation to the UN Trust Fund in 1984, the sponsoring in the same year of the International Creative Ceramics Exhibition, the profits from which were donated to UNICEF, the dispatch of the Seoul Opera Company to New York in 1986 to participate in the celebration of the International Year of Peace and the decision to send medical service teams from Kyung Hee University to help needy populations overseas.)[65]

경희대학교에서 부총장을 역임하였으며, 함께 IAUP의 조총장을 도와 사무총장의 일을 했던 이원설 박사는 IAUP가 설립된 배경에 대해 다음과 같이 피력하고 있다. 그는 말하기를 :

"비전이 없는 사람은 소멸하리라."
역사상, 세계를 뒤흔든 모든 일들은 꼭 이뤄져야 한다는 비전의 형태로 사람들의 마음속에서 시작되었다. 위기로 점철된 현 세계에서 고등교육의 세계화에 지대한 공을 세운 세계대학총장회 (IAUP) 역시 예외가 아니었다.
베를린 장벽의 축성과 쿠바의 미사일 사태가 양대 초강국 간의 아마게돈 전쟁을 향한 어두운 그림자로 상징되던 1960년대 초에 조 박사는 세계적인 평화교육의 중요성을 깨닫고, 세계 고등교육 기관들의 상호협력과 교류의 목적을 가진 IAUP를 창립했다. 전쟁

---

65) F. H.. Hinsley, "The Initiato of The IAUP", *Global Leader with Great Vision*, The Publication committee of Global Leader with Great Vision (Seoul: 1996), pp.61-62.

이 사람들의 마음속에서 시작되는 것과 같이 평화는 세계의 미래 지도자들인 젊은이의 마음속에서부터 시작되어야만 한다고 그는 믿었다.

"A man without visions will perish." In history all the events that shook the world started in the minds of the people as a vision that they should take place inevitably. The International Association of University Presidents, which made great contributions to the globalization of higher education in the modern age facing diverse crises, is not an exception.

In the middle of the 1960's when the construction of the Berlin Wall and the Cuban Missile Crisis were driving the two superpowers toward the war of Armageddon, Dr. Choue realized the importance of peace education, and organized the International Association of University Presidents for the promotion of cooperation and exchanges among higher educational institutions of the world. As the war starts in the minds of the people, Dr. Choue believed, world peace should start from the hearts of the youth who will be the leaders of the future world.[66]

이원설 박사는 젊었을 때 Vision의 중요성을 강조하였고 미국 유학 시에는 자신의 미래에 대한 '25년 후의 미래이력서'을 썼으며, 대학총장을 하겠다는 비전을 가졌고, 그 비전대로 이루었다. 후일 그는 숭실대학교의 총장을 지냈다. 그는 조영식을 도와 세계적 석학들 예컨대, Peter Sammartino 총장 Carlos Romulo 총장, Rocheforte Weeks 총장 등과 함께 SMART한 비전을 가지고 실행계획을 짜기도 하였다. 당시의 내용을 아래에서 고찰 해보자.

In 1964 Dr. Choue discussed his idea with four world renowned educational leaders, President Peter Sammartino of Fairleigh Dickinson University, President Carlos Romulo of the University of

---

66) Won Sul Lee, "The IAUP And Dr. Choue.", Global Leader with Great Vision, The Publication committee of Global Leader with Great Vision (Seoul: 1996), pp.84-85.

the Philippines, President Rocheforte Weeks of the University of Liberia in Africa, and President Jaime Benitez of University of Puerto Rico. They all fervently supported Dr. Choue's vision. This Valuable vision was developed into a vision of SMART, i.e., specific, measurable, attainable, realistic and tangible. The goal was transformed into an action plan soon.[67]

이처럼 조영식이 영국에서 거둔 민간외교는 IAUP를 통한 교육외교와 실천으로 평가할 수 있겠다.

---

67) Won Sul Lee, *Ibid.*, p.85.

3장_구소련과의 민간외교

소련의 국제경제 아카데미원장 아벨지아란베기얀은 세계에서 유명하고 가장 오래된 소련의 교육기관에서 조영식 박사에게 명예 평화 철학 박사학위 수여를 결정하게 된 배경을 설명한다. 또한 조 박사가 지닌 작곡, 시, 대학총장의 역할수행까지 모든 영역을 배우고 싶다고 했다. 특히 우리나라 사람들에게 한국의 유엔가입에 대한 조 박사의 끊임없는 중재자 역할에 감사해야 된다고 강조한다.

1. 모스크바 국립대학이 선택한 최초의 한국 석학

소련 국가경제 아카데미 원장으로 일하고 있는데, 이곳은 우리나라 경제와 경영 분야에 있어서 선구자적 역할을 할 사람들을 훈련시키는 중요한 교육기관이다. 많은 소련정부의 고위층이 이곳에서 연수를 받았으며, 이곳은 단순히 가르치는 곳으로 뿐만 아니라 미국, 영국, 독일, 프랑스, 일본 등 세계 많은 나라의 연구기관 및 대학들과 밀접한 관계를 유지하면서 영향력 있는 세계적인 연구와 협력을 하는 기관이다. 그는 그의 영혼과 온갖 노력을 조국의 영재들을 교육하는 일에 바쳤다. 조 박사의 생각 중에서 가장 값진 것은 그의 다대한 지식과 경험을 모두 한국을 세계 속에 높은 위치로 올려놓기 위한 고행과 영예를 그의 동료들과 공유하고 싶어 한다는 사실이다.

활동 폭이 넓고 선천적으로 타고난 조 박사의 예견은 나를 놀라지 않을 수 없게 한다. 나는 기꺼이 그가 작곡하고 시를 짓는 것에서부터 시작하여 그가 세계 속에서 잘 알려진 경희대학교 총장으로서 임무를 수행하는 것까지 그의 모든 활동영역을 배우고 싶다. 그리고 세계적인 그의 활동은 다양하면서도 균형 잡혀져 있어 세계 정치무대 속에서 한국의 역할을 향상시키는 데 중요한 구실을 한다. 내 견해로는 한국 사람들은 한국이 유엔에 가입하는 데 있어서 조 박사의 끊임없고 적극적인 중재가 있었음에 감사해야 할 것이다.

로구노프 총장이 조 박사에게 국제정치학, 과학, 교육에 있어서의 그의 뛰어난 업적을 인정하면서 명예평화 철학박사학위 수여를 그에게 제안했을 때 나는 기꺼이 찬성했으며 그의 시기적절하고 현명한 판단을 승인하였다. 조 박사는 세계에서 유명하고, 가장 크며, 오래된 소련의 교육기관에서 수여하는 권위 있는 명예평화철학박사 학위를 받은 최초의 한국인이 되었다.[68]

한국과 소련과의 관계 역시 교육자들을 중심으로 전개되었다. 조영식은 모스크바 국제대학에서 명예박사학위를 받았는데 '제3민주혁명과 소련' 이라는 강연으로 소련의 많은 저명인사들과 지식인들에게 따뜻한 충격을 주었다. 이를 계기로 그 후 고르바초프 대통령에게 경희대학교에서 '학원장(學園長)수여', 명예 철학 박사 학위 수여를 하게 된다.

---

68) 아벨지 아간베기얀, 소련연방정부 내각각료·국제 경제아카데미 원장, "모스크바 국립대학이 선택한 최초의 한국석학", 인간 조영식박사 101인집 출간위원회, 『미원조영식박사 교단50주년 기념 인간 조영식박사 101인집』, pp.135-138.

'아, 어쩔 수 없는 평화주의자'

10월 17일 모스크바 국립대학에서 거행된 총장님에 대한 명예 평화 철학박사 학위 수여식은 소련의 500일 경제기획 수립자로 세계적인 명성을 지닌 샤탈린 박사는 물론, 고르바초프 대통령의 보좌관 등 저명인사가 다수 참석한 가운데 거행되었다.

"내가 소련에 십여 차례 드나들었지만 한 사람을 환영하기 위해서 거물들이 이처럼 한 자리에 모인 건 처음 봅니다. 특히 소련 학자 100만 명 중 하나에서 선출되는 아카데미션 중에서도 맨 위에서부터 꼽아내려 올 수 있는 로그노프, 샤탈린, 오시피안, 아간베기얀, 쿠쿠신 등이 한 자리에 모인 건 정말 처음 보는 광경입니다. 이건 아마 소련사람들도 마찬가지일 겁니다."[69]

총장님은 모스크바 국립대학교의 명예박사학위 수여식장에서 "제3민주혁명과 소련"이라는 주제의 답사를 통하여 현 시대상황과 장차 소련의 나갈 바를 극명하게 제시하였다.

그 자리에 참석한 모든 청중들은 그 연설을 숨죽여 듣고 있다가 연설이 끝나자 우레와 같은 기립박수로 총장님의 연설내용에 대한 찬사를 보냈다.

이튿날 붉은 광장 옆에 위치한 모스크바 대학의 분교로 옮겨 행해진 교수와 학생들을 위한 특별강연에서는 "소련국민이여, 새로운 역사창조의 기수가 되라!"는 제하의 연설이 행해졌다. 이 강연을 통해서 총장님은 소련 경제의 실상을 분석하고, 공산주의 경제체제의 문제점을 신랄하게 비판하신 후에 이의 개선점을 지적하고, 이로써 소

---

68) 모스크바 국립대학에서 개최된 조영식 박사의 명예 평화철학박사 학위 수여식에 참석한 미국의 소련문제 전문가 로이 킴 박사의 감탄사. 박순백, "아, 어쩔 수 없는 평화주의자", 『미원 조영식 박사 교단 50주년기념 인간 조영식 박사 101인집』, p.247. 재인용.

련 경제가 앞으로의 난국을 어떻게 헤쳐나가야 할지에 관하여 한국의 예와 자신이 직접 60년대에 펼쳤던 잘 살기운동의 예를 들어가며 역설하였다. 이 연설은 모스크바에서 큰 화제가 되었다.[70]

지금 우리가 생각할 때, 소련의 FBI는 영화에서 등장하는 것쯤으로 인식할 수 있다. 그러나 40여 년 전에 인류의 가치를 평하고자 하는 사람들은 거의 여지없이 소외되었던 그 시기에 조영식은 '제 3 민주혁명'을 논하여 러시아의 혁명이 더 낳은 삶을 가져올 것이라고 역설하였다. 그가 평소에 주장하던 The Better Life를 향한 의식혁명이기도 하였다. 알렉산더 코빌로프 소련연방청년연합회 총재는 조영식에게 '세계를 움직이는 지도자'로 그의 민간 외교력을 주장하였다. 아래의 글을 참고해 보자.

2. 조영식은 세계를 움직이는 지도자

우리는 조 박사님의 제3민주혁명이라고 지적한 러시아 혁명이 더 나은 삶을 갈망하는 전 세계의 수많은 사람들에게 용기를 주었음을 자랑으로 여긴다.

인류문명은 물질문명의 발전을 위하여, 황금만능주의를 위하여 너무도 많은 대가를 치뤘다. 우리는 우리 선조들이 이러한 실수를 반복하지 말아야 하며 전철을 밟지도 말아야 한다. 우리는 조 박사님의 용기에 깊은 감명을 받았다. 정말로 그가 용기 있는 사람이 아니었다면 만인의 그리고 보편적인 민주의 가치 아래 그는 그의 자리를 굳히지 못했을 것이다. 그것은 40년대 후반의 아주 위험한 모험이었다. 그때는 인류의 세계적이고 영원불멸한 인류의 가치로 평하고자 한 사람들은 거의 의심할 여지없이 소외되던 시기였다. 40년, 30년 아니 10년 전만 하더라도, 특히 미국과 소련

---

70) 박순백, "아 어쩔 수 없는 평화주의자",『미원 조영식 박사 교단 50주년기념 인간 조영식 박사 101인집』, pp.247-248.

학생들은 폐쇄경제를 가정으로 한 모델을 많이 연구하였다. 그러나 지금 이러한 연구방법은 버려지고 있다. 현재 우리 모두는 20세기, 가장 큰 이념전쟁의 종말을 지켜보는 목격자들이다. 그리고 이것은 지금부터 경제체제를 더 많은 결실을 맺는 것으로 만들 것이다. 그러나 이런 진행이 지구라는 행성에게 영원한 자유를 자동으로 부여해 주지는 않는다. 인류문명의 더 밝은 미래를 위해서 우리는 인류의 정신적 빈곤을 극복해야 한다.[71]

모스크바대학교 로그노프 총장 일행이 경희대학교를 방문했다. 그 이유는 경희대학교와 모스크바대학교 및 소련 과학자 위원회가 공동으로 주최하는 "태평양 지역에 있어서의 세계 새 질서 모색"이라는 국제회의를 소련에서 개최 준비를 하기 위한 것이었다. 로그노프 총장은 조영식과 모스크바대학 설립자를 비교하고 조 박사의 업적과 정신을 더 높이 평가하였다. 특히 그는 조영식에게 큰 감명을 받았다고 강조하였는데, 소련이 사회주의 경제체제에서 시장경제체제로 바꾸려는 찰나에 두 체제의 상호연계성과 발전적 연속성을 이론적으로 설명을 해주는데 매우 감명을 받았다고 한다. 국제정치학 분야의 뛰어난 감각을 가진 현종민 교수는 경희대학교에서 오랫동안 재직하였는데 그는 조영식 총장과 함께 소련 모스크바대학교를 방문 하였다. 그는 두 대학 간의 관계를 소상히 피력하고 있으며, 특히 모스크바대학에서 조영식이 "제3민주혁명과 새로운 국제질서-하나의 세계 공동체 건설을 위하여"라는 연설을 하였는데 후일 이 연설문에 대하여 소련에서 번역한 후 35만부를 소련전역에 배포하여 주요 정치인, 지식인들이 읽게 되었다고 피력하고 있다. 현종민 교수의 글을 참고해 보면 한 사람의 민간인인 조영식은 소련공산주의

---

71) 알렉산더 코빌로프 소련연방청년연합회 총재는 조영식에게 '세계를 움직이는 지도자'로 평가하면서 인류문명과 인류의 정상적 빈곤을 극복하여 보다 나은 인류의 복지 사회를 희망하고 있다, "세계를 움직이는 지도자", 인간 조영식박사 101인집 출간위원회, 『미원조영식박사 교단50주년기념 인간 조영식박사 101인집』, pp.455-456.

자들에게 의식혁명을 일으키게 하여 생활을 변화시킨 민간외교가의 중요한 실천을 느끼게 한다.

로그노프 총장과 트로핀 부총장 일행은 경희대학교의 창설 배경과 발전과정을 모두 견학했다. 그리고 그는 마지막 고별 만찬에서 다음과 같이 그의 경희대학교 방문에 대한 감회를 피력했다.

"우리 모스크바 대학은 전쟁으로 국토가 황폐화되어 있을 때 창설되었다. 그 당시 창설자였던 로모노소프는 학교 창설에 대한 의지를 가졌으며 이사장으로서 모든 뒷바라지를 했다. 그는 오늘날 소련이 위대한 국가로 남을 수 있는 기초를 다진 사람이다. 그래서 모든 소련 국민들은 그를 존경하며 위대한 인물이라고 했다."

그는 이어서 말했다,

"여기 한국에 와서 한국의 눈부신 발전상을 목격했다. 이러한 눈부신 발전에 대한 기여는 위대한 뜻을 가진 지도자의 노력 없이는 불가능하다. 특히 교육자의 공헌은 국가재건에 초석이 된다."

그는 계속해서 말했다.

"1950년 전쟁의 황폐 속에서 국토 국가건설에 이바지하겠다고 나선 조영식 총장은 짧은 42년 동안에 학교를 건설했을 뿐만 아니라 그 규모가 세계적이다. 그리고 그는 창설자일 뿐만 아니라 교육일선에서 교육자로서, 총장으로서 모든 후학들에게 그 정렬과 일생을 바치고 있다."

그는 물 한 모금을 마셔 목소리를 가다듬으며 다음과 같은 말을 이었다.

"지금까지 여러분들은 조영식 총장이 창설자로서, 교육자로서 얼마나 위대한가를 잘 모른다. 그러나 그가 이 세상을 떠났을 때 여러분들은 얼마나 위대한 사람과 함께 살았는지를 느끼게 될 것이다."

그는 이어서 "우리 모스크바대학의 창설자는 단지 이사장으로 모스크바대학교 설립에 재정지원을 했는데도 오늘날 소련국민은 그를 모든 교육자의 우상으로 생각하고 있다. 그런데 조영식 총장은 경희대학교의 창립자로서, 총장으로서 그 위대함이 모스크바대학교 창설자보다 더 크게 우리들에게 보여 지고 있다. 거기에 세계평화운동을 꾸준히 벌이고 유엔에서 세계평화의 해, 평화의 날을 제정케 하였던 것은 더욱 위대하다. 조영식 총장은 모스크바 대학의 창설자보다 더 위대한 사람이라고 생각한다. 지금 여러분들이 얼마나 위대한 사람과 같이 살고 있는가를 알기를 바란다. 그리고 순간, 순간을 자랑스럽게 생각해야 할 것이다. 여러분들이 살아생전 그 위대한 지도자의 뜻을 같이 하는 동료가 되었다는 것에 더욱 자랑스러움을 느끼고 내일의 국가발전에 이바지해 주기를 바란다."라고 그는 열띤 말을 맺었다.

또 물질과 정신세계의 조화를 이룬 정반합의 이치를 발견한 철학자가 바로 우리와 같이 있다는 것을 인식하여 항상 우리 주변의 의미 있는 생활의 연장이 되도록 해야 할 것이다. 모스크바대학 총장이 조영식 총장을 극찬할 때 자신의 주변 생활을 인용하여 역사의식 속에서 그의 위대한 교육자적 정신을 칭송하는 것을 들으며 역시 위대한 교육자들의 시각은 범인의 그것과 다른 것이구나 하는 것을 느꼈다.

1990년 7월에 조 총장께서 소련 과학자위원회의 초청으로 모스크바를 방문하였을 때 있었던 일이다. 총장께서 초청 연설을 요청받았다.

그 자리에는 당시에 소련의 경제개혁을 주도하던 아카데미션 샤탈린 박사, 초청 측 위원장인 아카데미션 오시피안, 모스크바 국립

대학교 총장 아카데미션 로구노프 박사, 그리고 초청 측 부위원장인 사야모프 박사 등 소련의 저명한 학자들 및 다수의 정치지도자들이 즐비하게 참석했다.

이 자리에서 조 총장은 "제3민주혁명과 새로운 국제질서 - 하나의 세계 공동체 건설을 위하여"라는 제목으로 연설을 하게 되었다.

이 연설은 국교가 트이지 않은 상태에서 소련을 방문한 한국인으로서는 최초의 연설이었다.

그 이후 경희대학교를 방문한 샤탈린 박사로부터 우리는 의외의 소식을 듣게 되었다. 조 총장의 연설문이 러시아어로 번역이 되었다는 설명과 함께 그 번역본을 증정 받았다.

샤탈린 박사는 조 총장에게 자국의 고르바초프 대통령이 페레스토로이카는 하였지만 무엇을 어떻게 해야 하며, 어떤 곳으로 이끌어 나가야 할지를 모르고 있던 참에 조 총장의 연설을 들어보니 모든 해답이 거기에 모두 들어 있었더라고 했다.

조 총장의 연설은 소련의 정책 입안자는 물론 전 소련 지성계의 커다란 과제였던 문제를 명쾌히 해결해 주는 내용이었다, 소련과학자위원회는 자국 소련 연방의 지방 지도자들을 포함한 모든 정책 입안 관련자들의 수만큼 이 중요한 논문을 인쇄키로 결정하였으며, 그 결과 무려 35만부의 연설문을 인쇄하여 소련 전역에 배포했다는 것이다.

1991년 세계평화의 날 제정 10주년을 맞아서 동북아의 긴장 완화를 위하여 2+4 회의(미국, 러시아, 남한, 북한, 중국, 일본)를 소련에서 개최하자고 제의했을 때 모든 소련 측 인사들이 찬성을 하며 1991년 5월에 이 회의가 성사된 것만 보아도 조 총장의 뜻이 소련 측 최고 인사들의 공감과 절대적 지지를 얻고 있었음을 잘 알 수 있었다.[72]

---

72) 현종민, 경희대 사회과학 대학장, "모스크바 대학교에서의 명성", 『미원 조영식 박사 교단 50주년기념 인간 조영식 박사 101인집』, pp.201-207. 요약 정리 및 재인용.

4장_대만과의 민간외교

　필자는 2016년 3월 1일 대만의 '중국문화대학교' 개교 54주년 기념식에 참석하여 영예롭게도 경희대학교의 조인원 총장의 축사를 대독한 적이 있다. 그때 설립자 장기윤 박사의 장남 장경호 이사장을 뵈었으며 두 대학의 설립자 조영식 박사와 장기윤 박사에 대한 이야기를 나누었다.

　장기윤 박사가 조 총장께 학교경영을 어떻게 하면 좋겠는가고 문의하였더니 조 박사께서 출판업을 해보라는 권유를 받고, 책들을 출판하였으나 크게 성공하진 못했다고 설명하였다. 장경호는 외국유학 중에 급히 귀국하여 부친의 유언으로 대학을 맡게 되었다. 장경호 이사장은 경희대학에서 명예 박사학위를 받았으며 한국을 여섯 번 방문하였다고 하였다. 필자가 대만의 문화대학을 찾은 이유는 조영식과 장기윤 박사의 관계에 대해 알고 싶어서였다.

　이천임(李天任) 총장께서 장 이사장을 만날 수 있도록 배려하였고

난 출국일정에도 불구하고 이튿날 아침 다시 양면산의 문화대학을 찾았다. 장 이사장을 뵙는 순간 옛날 이미 뵈었던 적이 있어 가슴이 저미었다. 80이 넘은 그는 휠체어를 타고 있었으며, 조영식 학원장의 선친의 이야기를 나누었다. 뜻밖에 알게 된 사실은 조영식 박사와 이케다 다이사쿠 선생을 장경호 이사장이 소개시켜드렸다는 것이었다. 대화중에 필자가 최근 조영식과 이케다 다이사쿠의 교육사상을 비교연구하고 있다고 했더니, 깜짝 놀라시면서 두 분이 알게 된 경위를 설명하였고, 한국 연구소 소장 호 교수에게 필자를 '이케다 다이사쿠 연구소'로 안내해주도록 지시하였다. 그 후 몇 개월 뒤 3월 2일에 그 연구소가 주관하는 제10주년 池田大作 국제 세미나에서 「조영식과 이케다다이사쿠의 평화사상과 실천(赵永植博士和池田大作先生的和平思想的实践)」를 발표하였다.

과거에 필자도 가끔 주변 분들로부터 장기윤 박사의 말씀을 들었다. 조영식 박사가 북한으로부터 남하하여 함께 오지 못한 부친 조만덕 옹을 그리워하는 마음으로 양평 양수리에 선친의 묘소(빈 묘소)를 세웠고, 남북한의 통일을 누구보다도 염원했던 것과 같이, 장기윤 박사도 대만에 설립하였지만 그 대학의 이름을 '중국문화대학(中国文化大学)'으로 명명하였다.

필자와 중국문화대학과의 인연은 또 있다.

어느 해에 조영식 박사의 부인 오정명 여사의 명예학위식이 문화대학에서 거행되었으며, 두 분의 대만 방문길에 대만에서 유학했던 필자가 수행한 적이 있다. 명예학위수여식은 이사장, 대학의 교수들, 전체 학생들이 참석한 가운데 성대히 거행되었다. 조정원 전 경희대 총장도 이 대학에서 명예 박사학위를 받았으며, 장경호 이사장은 경희대에서 명예박사학위를 받았으니 두 대학의 관계는 실로 밀접하고 오래된 교류를 가졌다고 하겠다. 하나의 에피소드는 오정명 여사를 모시고 미장원에를 들렸을 때의 일이다. 필자는 하루 전에 호텔의 미용실을 찾아 미리 선약을 해두었고 이튿날 미장원을 들렸다. 대만의 미용기술은 당시 대단히 뛰어났는데 특히 우리와는 달리 머리를 감겨주는 기술이 특이했다. 머리를 감겨주면서 따끈한 물로 뒷목을 마사지 해주는데 피곤이 풀리면서 상당히 좋았다. 나는 먼저 끝나고 두 사람의 팁까지 포함해서 계산을 했다. 그런데 사모님께서 그 미용사가 무척 마음에 드셨는지 내게 잔돈을 달라고 하셨다. 나는 "이미 줬습니다", 하고 다시 드리지 않았는데 그 후에 가끔 생각나기를, 그때 팁을 다시 드려서 사모님이 직접 감사를 표하게 해드릴걸 하고 아쉬웠던 생각이 나곤 한다.

조영식 박사의 대만과의 우의와 민간외교는 대단히 폭이 넓다. 장개석 총통을 비롯하여 장경국 총통, 장기윤 박사, 임어당 박사 등 수많은 석학들과 깊은 교분이 이루어졌다.

이에 관해서는 황병곤 교수가 국립 대만대학교 재학생 시절에 대만을 방문한 조영식 박사의 통역을 담당한 후 40여 년을 가까이서 함께 모시고 밝은사회 운동의 한 분야를 담당했던 황병곤 소장의 연구를 참고하여 고찰해 본다.[73]

1. 1960년 전후에 교류한 중국의 석학들과의 우의

대륙에서부터 학계의 거목으로 알려진 주가화 박사(중앙연구원장, 중산대학총장), 막덕회(고시원 원장), 진사량 박사(국립 대만대학 총

---

73) 황병곤, 경희대 중국어과 교수·밝은사회 문제 연구소장, "대만에 비친 조영식 박사", 인간 조영식박사 101인집 출간위원회, 『미원조영식박사 교단50주년기념 인간 조영식박사 101인집』, pp.378-390.

장), 우빈(추기경·보인대학 총장), 나가륜(UN대사·청화대학 총장), 임어당 박사(당대의 최고 문인), 황계육 박사(전 교육부장관), 염진홍 박사(국립 대만대학 총장·전 교육부장관), 두원재 박사(대만 국립사범대학 총장), 왕세걸 박사(중앙연구원장·무한대학 총장), 장복총 박사(국립 고궁박물원장), 유계홍(국립정치대학 총장·전 교육부장관), 예초 박사(국립 성공대학 총장), 장언사(교육부장관·외교부장관), 진립부 박사(총통고문·전 교육부장관)와 우우임(감찰원장·상해대학총장), 장지본(상해법과대학총장·호북성주석), 사동민(부총통), 조신(검찰청장), 조흥티(총통 고문), 왕운오 박사(행정원 부원장), 장보수 박사(중국국민당 대표), 장 군(장개석 총통 비서장) 등 60~70대의 백전노장들과 친분을 두텁게 맺은 것이 60년대 전후였다. 이 글을 쓰면서 이 분들의 나이를 추적해 보았더니 거의 다 1890년대의 인물들이며 2~3명을 제외한 전원이 미, 영, 독, 불에서 박사학위를 취득한 석학들이었다. 그럼에도 불구하고 이분들과의 대화에서 정치, 경제, 사회, 교육, 법학 등 어느 분야에서든지 막힘이 없이 풍부한 대화의 소재를 구사함으로 저들이 무릎을 치곤했다. 고시원장 막덕회와 조봉초 박사(국회의원)께서는 말씀하시기를 '조 총장, 당신은 한국의 손 문선생(중화민국 건국의 국부) 같은 분'이라고 칭송했다.

2. 장개석 총통과 조박사와의 대화

조영식 총장은 중국대륙에서 장개석 총통이 한국의 임시정부와 광복군을 지원해 준 덕분에 한국이 독립을 이루게 되었음에 대해 감사를 드렸다. 구체적인 예를 들면, 1959년 황교수는 조영식 총장을

수행하고 장개석 총통과 영부인 송미령 여사를 방문한 적이 있다. 장
개석은 카이로회담의 3사람 중 1명 이었는데(1943. 10. 22. 루즈벨
트·처칠·장개석 3자 회담)에서 장 총통은 대화중에 설명하기를,
우리 국민당 강령 머리말에 보면 한국의 독립 없이 아시아의 안정
내지는 세계평화는 없다고 기록되어 있다. 2차 대전 후 1948년 국제
연합에서는 한국을 신탁통치할 것인가 아니면 독립을 관철시키기
위한 작전으로 당시 주 UN대사인 나가룬 박사 에게 훈령을 내려 한
국의 독립을 강력히 반대하는 인도 대표를 설득하여 기권토록 조치
케 한 결과 겨우 통과 되었다.[74] 는 당시의 자초지종을 듣게 되었다.
장개석 총통을 예방하고 나온 후, 조 총장은 곧바로 나가룬 박사를
찾아가 당시의 도움에 감사를 표하였다.

3. 조영식과 장기윤의 '국경을 초월한 우의와 조국애'

1960년대 초반에 장개석 총통께서 대륙광복을 결심하고 그 계획
을 관철시키기 위해서 국방연구원을 설립하고 장기윤 박사를 교육
부장관에서 국방연구원 주임(원장은 장개석 총통)으로 임명함으로
장개석 총통을 보좌하여 대륙광복에 관한 종합설계와 고위관리들에
대한 교육 훈련을 담당하며 외부와의 접촉을 삼가고 있는 동안에 조
총장과는 남달리 가까이 지냈다.[75] 장기윤 박사는 국방연구원 주임
에 재임기간 중 본인의 뜻과 조 총장의 권유로 현재의 "중국문화대
학"을 설립하게 되었던 것이다. 이를 위해 1960년대에 내한하였을

---

74) 황병곤, "대만에 비친 조영식 박사", 인간 조영식박사 101인집 출간위원회, 『미원 조영식박사
　　교단50주년기념 인간 조영식박사 101인집』, pp.381-382.
75) 실제 나이는 장기윤 박사가 조 총장님보다 21세나 위였다고 한다.

때 조 총장에게 직접 자문을 구하느라고 경희대학교를 내방하였고 그때 두 분의 대화는 매우 진지하였다. 장기윤 박사의 질의에 대한 조 총장의 답변을 일일이 기록하였으며 조 총장께서는 하나하나 자상한 설명도 하셨지만 그 실례로 직접 캠퍼스를 순회, 불모지의 야산을 개척하여 무에서 유를 창조해낸 실증을 설명하시면서 현재 중국문화대학의 위치가 별로 민가도 없는 산이지만 가능하면 먼 후일을 내다본다면 큰 어려움이 없을 것이라는 격려를 부연하시는 것이었다. 그러므로 대만의 많은 고위관리들이 경희대학교를 방문하여 조 총장의 창학 이념과 경영철학을 듣고 하는 말이 장기윤 박사가 바로 조 총장과 같은 인물이라고 비유하는 것이었다.

이렇게 하여 중국문화대학이 설립되자 1967년에 제일 먼저 경희대학교와 자매 결연을 맺었고 그후 한국의 18개 대학과도 자매를 맺었지만 조 총장님을 기념하는 뜻에서 문화대학교 내 도서관 내에 경희당(慶熙堂)을 설치했고 조 총장님께서도 경희대학교 중앙도서관 내에 "중국문화관"(중국학 전문 도서실)을 설치했던 것이다.

장기윤 박사는 대만에서 1969년도에 제1차 세계화인학자대회(世界華人學者大會)를 개최하여 성공리로 폐막하였다. 1968년에 장기윤 박사는 명예박사학위 제도를 제정하여 제1호로 조영식 총장을 지정 초청하였다. 1988년도에 문화대학을 방문하고 장 이사장의 만찬초대에 참석했을 때 문화대학 총장이하 학장들과 동석한 자리에서 장이사장은 인사말을 통해 선친으로부터 경희대학과 조 총장에 관해서는 너무 많이 들어왔으며 마치 선친을 뵙는 것 같다고 하신 후 눈물을 닦으시며, 오신다고 하여 좀 더 깊이 이해하기 위해 자신은 조 총장의 저서인 "오토피아"를 읽었다고 하시면서 책 내용 중에서 "주의 생성론"과 "전승화 이론"을 설명하는 것이었다. 그 후 조 총장은 귀국하여 때를 잡아 명예박사학위를 드리려고 이력서를 보내라고 하였던 바 장경호 이사장 말씀이 비록 자신의 나이가 60이 넘었지만 선친과의 관계를 생각한다면 조 총장은 내 부모나 다름이 없는데 감히 어디라고 자식이 부모한테 학위를 받을 수 있겠는가 라고 하시며 극구 사양하며 조 총장께서 오시기 전에 자신이 먼저 찾아뵙고 인사드렸어야 했는데 순서가 바뀌었다는 말씀을 전해온 후 1989년도에 부부가 내한하여 정중히 조 총장께 인사를 드리고 귀국했던 것이다.[76]

이처럼 황병곤 소장의 경희대학과 대만 중국문화대학에 관한 역사적 고찰과 연구를 통해 두 대학이 자매교로서 뿐만 아니라, 설립과정부터 현재에 이르기까지 생생한 사실을 알게 해준다.

4. 대만에서의 오토피아의 이론전개와 GCS 활동

조영식 총장께서는 그 후 경희대학교 한의과대학 발전을 위해 대만의 중국의약학원(한의과대학) 및 동남아에서 가장 우수한 공과대학으로 알려지고 있는 대만의 국립 성공대학교 그리고 사립대학 중 가장 명문대학으로 알려진 보인대학과 각각 자매관계를 맺고 교류하자 국립 성공대학의 총장 및 교수들이 경희대학교의 건물들을 돌아보고 규모 설계 및 배지 시설 등이 모두 조 총장의 손에 의해 이루어졌다는 말을 듣자 사회과학을 전공하신 조 총장이 어떻게 이런 구상과 설계를 할 수 있었으며, 그 어려운 시대와 불리한 여건 가운데서도 이렇게 훌륭한 건물을 지을 수가 있었는지 의문이라고 하였

---

76) 황병곤, "대만에 비친 조영식 박사", 인간 조영식박사 101인집 출간위원회, 『미원 조영식박사 교단50주년기념 인간 조영식박사 101인집』, p.386.

다. 그 공을 높이 평가하여 1975년 국립 성공대학교에서 명예 공학 박사학위를 수여하였는데 학위 수여식에는 장경국 총통께서 6~7명의 국무위원을 대동하고 친히 참석하여 축하를 해주셨던 것이다. 장총통이 처음으로 이 대학을 방문한데 대해 의아해서 신문기자들이 이를 물어보자 "내 모교에서 은사가 오셨는데 내가 어찌 나오지 않겠느냐"고 하셔서 전국적으로 신문에 보도되었다(장경국 총통은 1970년 경희대학교에서 명예법학박사학위를 받은 바 있다). 1988년 3월 타이베이에서 개최되었던 '밝은사회 자유중국 국가본부 연차대회'에 조 총장과 같이 참석하기 위해 필자가 준비관계로 선발대로 먼저 출발함에 앞서 조 총장께서 말씀하시기를 생전에 나와 가깝게 지내왔던 중화민국의 추기경인 고 우빈 총장이 설립한 "보인대학"과의 자매관계를 타진하여 보라는 말씀을 듣고 밝은사회 중화민국 총재 진수봉 박사께 전화로 조 총장의 뜻을 전달하고 대북에 도착했더니 보인대학의 당시 총장인 나광(羅光) 총 주교께서 자매결연 협약서를 이미 만들어 놓고 하시는 말씀이 이번에 조 총장께서 오시는 김에 자매교 조인을 하자고 하여 부랴부랴 FAX로 협정서를 발송하여 수정재가를 받아 일사천리로 자매 조인을 했다.

조영식 총장이 세계대학총장회 회장으로 재임 시 1975년 미국 보스턴에서 개최되었던 제4차 세계대학총장회에서 600여 대학총장들의 지지를 얻어 "보스턴 선언"으로 채택되어(5개항 중 제4항의) "건실한 인간기풍진작"으로 밝은사회 운동의 전개를 선언하였고, 1978년 테헤란에서 개최된 제5차 세계대학총장회에서 조영식 총장은 "보스턴 선언"을 재확인하면서 "밝은사회운동의 구체적 행동규범"을 제안하여 만장일치로 통과되자 밝은사회 운동은 한국에서부터 본격적으로 시작하여 1991년 현재 한국에서 밝은사회 클럽(G.C.S club)

이 400여 개가 되고 국제적으로는 21개 국가(지역)에서 동참하고 있는데 그중 "밝은사회 중화민국총회(국가본부)"는 1983년도에 대만에서 결성되었다. 그 당시 대만은 계엄령이 아직 해제되지 않은 때라 사회단체라고는 국제적으로 널리 알려진 "라이온스 클럽"과 "로타리 클럽" 외에는 어떠한 사회단체도 승인하지 않고 있는 때였다. 밝은사회 클럽의 등록신청이 정부에 제출(접수)되자 상당한 논란이 야기되어 중국 국민당 차원에서 논의 끝에 이 단체는 한국의 조영식 총장이 제창하여 세계대학총장회에서 결의된 단체이며 그 이념이나 기본취지가 어느 한쪽에 편협 되지 아니한 건전한 사회단체라는 결론이 나므로 등록허가를 한 사례를 남겼다.[77]

밝은사회 운동은 조영식이 설립하여 전 세계적으로 각 국가본부를 두고 확산해나가고 있다. 이는 세계적으로 확산되고 있는 밝은사회 국가본부 중에서 대만의 "밝은사회 중화민국 총회"는 활발히 추진되고 있다. 지역적으로나 역사적으로 이해할 수 있고 관계가 형성되어 있고 특히 이를 이끌고 있는 대외적인 인물로는 진수봉 박사, 고려문 회장, 왕광아 이사장 등 중추적인 역할을 하였다.

어느 해 대만시내에서 좀 떨어진 지역에 밝은사회 운동 연차대회에 조영식 GCS 국제본부 총재와 함께 필자도 참석하였다. 우리일행이 도착하기 전에 나는 밝은사회 운동이 대만에서 활발히 전개되고 있었고 또 가능하면 여성운동가들도 참여하는 것이 바람직하겠다는 생각으로 당시 중화민국의 부총통으로 당선된 여수련(呂秀蓮) 부총통과 조영식 학원장과의 간담회를 추진하였다. 마침 여수련 부총통은 필자가 수학한 국립대만대학에서 법률학으로 학위를 하였으며,

---

77) 황병곤, 경희대 중국어과 교수·밝은사회 문제 연구소장, "대만에 비친 조영식 박사", 인간 조영식박사 101인집 출간위원회, 『미원조영식박사 교단50주년기념 인간 조영식박사 101인집』, p.389.

그 이후에도 여성관련 국제세미나 일로 한국을 참여한 바 있어서 연락을 하고 있는 사이였고 그는 활발한 여성운동가이기도 하였기에 바쁜 일정 중에서도 시간을 할애해주어 조 총장 일행과 간담회가 성공적으로 개최되었다.

대만에서의 오토피아 이론연구에 대해 구체적으로 고찰해보자.

오토피아 이론은 대만의 많은 사람들, 특히 지식인들과 교육기관에 영향을 끼치고 있다고 할 수 있다. 먼저 대만학자들의 경우를 보면, 대만의 '중화문화건설위원회' 부주임이며 딴쟝(談江)대학의 콩치우쳰(孔秋泉)은 오토피아의 정신을 '아름다운 인간의 낙원'에 비유한다:

> 조영식 박사는 그의 저서 『오토피아(Oughtopia)』를 통해 문화세계를 창조하고, 밝은 미래를 향해서 매진하는 것만이 인류의 이상이라고 주창하고 그 이론을 발표하자 세상 사람들, 특히 지식인들은 그제야 아름다운 인간의 낙원을 보게 된 듯 한 충격에 사로잡혔다. 조 박사의 필치는 스펭글러 와는 너무나 다르다. 이야말로 늘 신중하면서도 대담한 당위적 희망론자의 관점인 것이다.[78]

콩치우쳰은 또한 오토피아를 '인문학의 신대륙 발견'에 비유하면서 정신문화에 끼친 오토피아 이론의 영향을 극찬한다. 콩치우쳰의 평가의 구체적 내용을 보면, "세계 문명사적, 거시적인 각도에서 조영식 박사의 사상-전승화 학설을 고찰해 볼 때 그것은 인류문명사에 있어서의 하나의 커다란 발견이다. 그것은 한줄기 맑은 물길과도 같은 것이어서 혼탁한 사상적 조류에 있어 정화작용을 하는 것으로 세상 사람들에게 빛과 희열로 가득 찬 오도피안(悟道彼岸) 즉 깨달음에

---

78) 孔秋泉, "공자, 콜롬부스와 조영식", 인간 조영식 박사 101인집 편집위원회, 『조영식 박사, 그는 누구인가 인간 조영식 박사 101인집』, (서울: 교학사. 1994), p.171.

서 펼쳐지는, 그래서 도달하는 한 널찍한 낙토가 있음을 깨우쳐 주고 있는 것이다"[79]라고 하였다. 또한 그는 오토피아의 정신적 철학에 대해, "비교사(比較史)적인 각도에서 조 박사의 철학을 통한 정신적인 발견을 본다면 이는 인문학의 역사와 정신문화의 역사에 있어서의 신대륙이나 다름없다"[80]고 역설하였다. 또한 쟝지에스(蔣介石) 총통의 차남인 쟝웨이꿔(蔣緯國) 장군은 『오토피아』의 평화사상과 자신의 홍중도(弘中道)의 일치성에 공감을 표명하고 그가 연구할 때 백과사전으로 활용하였다고 술회한다. 즉, "오토피아가 필자의 '홍중도(弘中道)'와 추구하는 이념과 사상이 일치하나 10여 년이나 앞선 사상으로 필자의 사상에 많은 영향을 끼쳤으며 대작 『오토피아』는 필자의 백과사전이 되었다"고 하였다.[81] 또한 중화민국(中華民國) 감찰원(監察院) 감찰위원장이며 입법위원(立法議員: 한국의 國會議員)인 린치우산(林秋山)은 "저서를 통해 본 조 박사의 사상과 철학"에서 인류는 세계와 역사, 문명의 주인으로서 가장 존중을 받아야 한다는 '7개 항목의 선언'을 명시하고 이 선언은 옛 중국의 '인본주의'와 '천하위공(天下爲公)', '세계대동(世界大同)'의 사상과 일맥상통한다고 오토피아 이론과 그 철학의 심오함을 역설하였다.[82]

이상에서 살펴본 바와 같이 오토피아 이론은 대만 학자들의 다양한 연구를 통해서 '인문학의 신대륙발견' 등으로 높게 평가되고 있음을 살펴보았다. 다음은 오토피아 이념을 실천하고 있는 대만 GCS 클럽의 활동사항을 살펴본다.

---

79) 孔秋泉, 위의 논문, p.172.
80) 위의 논문, pp.172-173.
81) 蔣緯國, "조박사는 한국의 공자요, 선지 선각자", 인간 조영식 박사 101인집 편집위원회, 『조영식 박사, 그는 누구인가 인간 조영식 박사 101인집』, (서울: 교학사. 1994), pp.105-106.
82) Chou-Shan Lin, "Dr. Choue's Thoughts and Philosophy Expressed in his Writings", The Publication Committee of Global Leader With Great Vision, *Global Leader With Great Vision*, (Seoul : Kyohaksa, 1997), pp.182-185.

5. 대만에서의 오토피아 B·A·R 사회의 실천 활동들

대만에서 오토피아의 B·A·R사회 실현을 위한 다각적인 활동들이 GCS 국가본부의 회원들을 통해 추진되고 있음을 볼 수 있다. 자유중국대만(自由中國臺灣)에는 'GCS 중화민국총회(中華民國總會)'를 비롯하여 각 지회(分會라 칭함)가 결성되어 활동을 하고 있다. 이들은 'GCS 대북 지회(臺北 分會)', 'GCS 고웅 지회(高雄 分會)', 'GCS 육달 지회(育達 分會)', 'GCS 대화 지회(臺華 分會)'등으로 조직되어 다양한 역할을 하고 있다. 그들은 『광명사회운동지남(光明社會運動指南)』에서 이 운동의 3대 목표, 3대 정신과 5대 운동을 규정해 놓고 있다.[83] 3대 목표는 화목한 가정(和睦的 家庭), 건전한 사회(健全的 社會), 평화적 세계(和平的 世界)를 명시하고 있으며 3대 정신으로는 선의(善意), 합작(合作), 봉사-기여(服務-奉獻)의 정신을, 그리고 5대 운동으로는 건전사회운동(健全社會運動), 생활개선운동(改善生活運動), 자연 애호운동(愛護自然運動), 홍양 인본운동(弘揚人本運動), 세계평화운동(世界和平運動)을 명문화하고 정기회의, 좌담회, 봉사활동 등을 개최하고 있다.[84] 또한 'GCS 臺北 分會(타이뻬이 市 지회)'의 회장 랴오완룽(廖萬龍)의 보고에 따르면, 랴오 회장은 형기를 채웠거나 가석방된 청년을 자신이 경영하는 회사와 공장에 근무케 하여 자신의 잘못을 각성하게 하고 새로운 마음으로 일할 수 있는 터전을 마련함으로써 주위의 좋은 평가를 받았다.[85] 또한 GCS 세계대회에 참석한

---

83) 『光明社會運動指南』1996, -UN NGO G.C.S Club 國際光明社會世界總會 光明社會問題硏究所, pp.5-8. 이 3대 목표, 3대 정신과 5대 운동은 국내외 모든 GCS Club의 공통된 사항으로 GCS 국제본부에서 각 헌장 및 규정에 명시하여 시행하고 있다.
84) 國際光明社會促進會中華民國總會及臺北分會, "擴大理監事聯誼座談會", 밝은 사회 국제본부 소식지 등 관련 자료 2001. 1. 8.
85) "1999 GCS 臺灣總會與臺北市分會 主要事業活動報告" 중에서.

임원이나 회원들은 각 국가의 GCS 회원들과 만나서 세미나와 포럼, 연수회를 개최한다. 이러한 세계대회 참석 및 교육연수는 밝은 사회 운동을 전개하는데 중요한 역할을 할뿐만 아니라 클럽회원의 태도 변화에도 중요한 원동력이 되어왔다.[86]

이와 같이 다양한 실천 활동은 클럽회원들의 참여와 정신함양을 위한 다목적 훈련일 뿐만 아니라 오토피아의 이념과 정신을 지속적으로 배양하게 되는 중요한 경로이기도 하다. 조영식 총장의 많은 저서 중에서 "우리도 잘 살 수 있다", "인류사회 재건", "오토피아", "밝은사회운동의 이념과 기본철학" 등이 중국어로 번역 출판되었고 그 중에서도 "오토피아"와 "교육을 통한 인류사회 재건"은 중국문화대학 석·박사 과정의 교재로 채택되었고, 세계적 화백 엽취백씨는 "인류사회 재건"을 3회나 읽고 그 책에다 자기 나름대로의 주석을 달아 홍색과 적색으로 선을 수없이 그어놓고 말미에 달기를 "이 책은 누구나가 읽어야 할 성경책"이라고 피력했는가 하면, 조영식이 쓴 수많은 논문들이 중국어로 발표되었다. 그러므로 중화민국 정부에서는 조영식 총장에게 1962년에 "문화포장", 1983년에 "문화훈장", 1987년에 정부 최고 "화하(華夏)훈장"을 수여하였다.[87]

조영식은 실로 대만의 장개석 총통, 장경국 총통을 비롯하여 수많은 원로들과 깊은 의의를 나누었다. 특히 장기윤 박사와의 국경을 초월한 우의와 조국애는 그 후 장박사가 대학을 설립함에 있어서 비록 대만에서 설립하지만 언젠가는 본토수복을 가져오리라는 취지하에 대학교의 명칭을 '중국문화대학(中國文化大學)'으로 명명하도록 하

---

86) 김종은, 「밝은 사회교육의 효율화 방안에 관한 연구」『밝은 사회연구 13-14집 (1990)』(서울 : 경희대학교 밝은 사회연구소), p.115.
87) 인간 조영식박사 101인집 출간위원회, 『미원조영식박사 교단50주년기념 인간 조영식박사 101인집』, pp.591-592.

였고, 현재까지 두 분들의 자제들이 각각 대학을 경영하면서 상호교류 방문, 학위취득, 교수 및 대학생 교류로 이어지고 있다.

조영식의 대만과의 끈끈한 정과 각계 각 분야에 걸친 민간교류는 외교를 넘어 그에게 '한국의 손문(孫文) 선생 같은 분'으로 칭송되었던 것처럼 수많은 사랑을 받았음을 알 수 있다.

5장_일본과의 민간외교

1. 한일 간의 눈부신 민간외교

조영식 총장의 저서 '오토피아'가 일어판으로 일본에서 출간되어 그 출판기념회가 1982년 5월 동경 힐튼호텔에서 400여명의 일본 각계 인사들이 참석한 가운데 대성황리에 개최되었던 일이 있다. 출판기념회를 준비한 발기인만도 기시노부스께(岸信介) 전 수상, 후꾸다 다께오(福田赳夫) 전 수상, 가이후도시끼(海部俊樹) 전 수상, 고사까 도꾸사부로(小坂德三郎) 전 외무대신, 가야 세이지(茅诚司) 전 동경대 총장, 이시가와 다다오(石川忠雄) 게이오대학 총장, 후꾸다(福田) 스꾸바대학 총장, 법조계의 거무 오꾸하라 다다히로(奧原唯弘) 변호사 등 20여명의 일본 거물급 인사들이 뜻을 모아 정성껏 마련한 자리였으니 조 총장님의 일본 인사들과의 친분관계를 한 눈으로 엿볼 수 있었다. 가이후(海部) 전 수상(당시 중의원 문교분과 위원장)의 축사에 서 그 깊이를 읽을 수가 있다.[88] 그의 축사의 서두를 다음과 같이 볼 수 있다.

　　본인은 원래 친(親)한파도 아니요, 지한파도 아니었습니다. 거기에 한국은 단 한 번도 방문해 본 일조차 없었던 사람입니다. 그러다가 1981년, 제가 존경하옵는 조영식 총장님의 초청을 받고 3박 4일간 경희대학교를 방문했던 것이 유일한 방한이었으며 그후부터 저는 열렬한 한국 팬이 되었습니다. 한국 인사 중 나에게 가장 가까운 분, 교육자 중의 교육자, 철학자 중의 철학자, 그리고 인류사회의 번영과 세계평화를 위하여 국제무대에서 눈부신 평화운동을 전개해 오신 존경하는 대한민국의 조영식 박사님의 역저 '오토피아'가 일본에서 출판되어 그 출판기념회를 갖게 된 것을 진심으로 축하해 마지않습니다. 저는 이 자리에 참석하기 위해 출장 중이었던 북해도에서 지금 막 비행기로 도착 하였습니다.[89]

(Originally I was not a pro-South Korean person, nor a person with deep knowledge about South Korea. I traveled to South Korea only once in 1981 to visit Kyung Hee University for several days at the invitation by Chancellor Young Seek Choue. Although it was my only trip to South Korea, I have become a very enthusiastic supporter of South Korea. I sincerely congratulate him on the ceremony celebrating the publication of the Japanese version of Oughtopia written by Chancellor Choue. One of my closet friends, an educator of educators, and a philosopher of philosophers, he has carried out brilliant international activities to promote the prosperity of human beings and world peace. In order to attend this ceremony I flew in by a small aircraft from Hokaido where I visited on official business.)[90]

---

88) 김병묵, 경희대학교 법과대학 학장, "눈부신 민간외교", 인간 조영식박사 101인집 출간위원회, 『미원조영식박사 교단50주년기념 인간 조영식박사 101인집』, pp.283-289.

89) 가이후 수상과 조영식 박사가 대화를 나눈 적이 있는데, 조 박사가 가이후 도시끼 의원을 향해 연부역강하고 웅변도 좋고, 인물이 탁출하니 "당신은 10년 내에 총리대신이 될 수 있으리라"고 관상 이야기를 농담 반 진담 반으로 하니, 가이후 의원이 "그렇게 되면 얼마나 좋겠소." 하고 받아 넘긴 일이 있었다. 그는 10년 안에 일본의 총리대신이 되었고 조 박사는 축하 편지를 보낸 일이 있었음은 물론이다. 김기형, 대한민국 초대 과학기술처장관·전 인류사회 재건 연구원장, "불세출의 인류 예언자", 인간 조영식박사 101인집 출간위원회, 『미원조영식박사 교단50주년기념 인간 조영식박사 101인집』, pp.337-340.

이와 같이 조영식의 일본과의 민간외교는 불가능한 일을 가능하
게 하였다. 현재 신성대학의 총장으로 재직 중인 김병묵 당시 경희
대 법대학장은 조영식 박사를 모시고 일본을 방문 할 계획이었다.
우리가 알다시피 일본인들은 일처리에 있어서 많은 시간을 요한다.
김 학장은 걱정이 되어서 언제 출발 할 테니 약속일정을 잡을 수 있
도록 일본과 연락을 시도하였다. 그런데 걱정했던 것과는 달리 의사
타진한 그 이튿날 즉, 출국 바로 전날인 9월 24일 오후에 연락이 왔
는데 9월 29일 오후 3시에 면담 일정이 잡혀졌으며 총리도 총장님을
만나 뵙고 싶어 하니 총리관저로 꼭 방문해 달라는 내용을 받았다.
이것이 바로 우리 정부를 당황케 한 사건이 되었다고 그는 후일 피
력하였다. 왜냐하면, 당시에 우리나라에서 정부 특사를 파견코자 해
도 총리의 바쁜 일정 때문에 만날 수 없다는 것이 일본정부의 태도
였다 한다.

가이후 수상은 조영식 박사를 만나고 나서 다음과 같이 말하였다.
'나도 10년 후면 총리를 할 수 있겠지' 하고 야심을 품고 있었지
만 이렇게 빨리 기회가 올 줄은 몰랐습니다. 10년 전에 되다보니 이
것저것 정신을 차릴 수가 없어요, 나를 만나겠다고 생떼를 쓰며 면
담신청을 해놓고 있는 외국의 장관급 이상의 인사들이 200여명이나
지금 일본에서 머무르고 있으나 만나 줄 짬이 없습니다. 그러나 조
총장님의 한·일간의 우호와 한반도 평화문제 그리고 국제무대에서
의 한국지원 요청에 대한 적극적인 협조를 다짐합니다.[91]

김병묵 총장은 4천만 한국인이 일본사람과 친구가 되면 그 이상

90) Former Premier Kaifu Speech in Byung Mook Kim, "Brilliant Civilian Diplomacy", *Global
Leader with Great Vision*, The Publication committee of Global Leader with Great Vision (Seoul:
1996), p.252.
91) 김병묵, "눈부신 민간외교", 인간 조영식박사 101인집 출간위원회, 『미원 조영식박사 교단50
주년기념 인간 조영식박사 101인집』, p.288.

의 외교는 없다. 많은 인사들이 국가와 민족을 위해 공헌한 바 크지만 조 총장님이야말로 민간외교사절로서 이 땅에 쏟으신 공헌은 참으로 지대하다며 조 총장이 이룬 일본과의 '눈부신 민간외교'에 자부심과 긍지를 느낌을 알 수 있다.[92] 조 총장이 이룬 일본과의 '눈부신 민간외교'에 자부심과 긍지를 느낌을 알 수 있다.

2. 일본대학과의 스포츠 교류와 자매결연

조영식은 일본 대학과의 교류에서 대학 간의 스포츠 교류를 활성화하였다. 사쿠라이 준(櫻井淳) 일본 동경대학교 총장은 조영식에 대해 인류의 복지를 위해 노력하는 '동양이 낳은 세계최고의 지성인'이라고 격찬했다. 동시에 한일 양국의 대학간 -경희대학과 교토대학-의 스포츠를 통한 교류활동에 대해 소상히 피력하고 있다. 그는 말하기를:

1972년 12월 나는 조 총장님과 함께 자매 결연서에 조인하기 위해서 방문했고, 1973년 6월에 조 총장님 내외분과 다른 일곱 분의 교수가 교토대학교를 방문하였다. 그 다음 달에 50명의 야구 선수들이 경희대를 방문하여 몇 차례의 친선경기에 참여하였다. 그리고 몇 년 후에 경희대의 야구부가 삿포로와 몸베츠를 방문하였다. 교수와 유도 선수의 교환에 있어서도 양 교는 매우 활발한 프로그램을 진행시켰다. 특히 그는 조 총장에 대해,

---

92) 김병묵, 경희대학교 법과대학 학장, "눈부신 민간외교", 인간 조영식박사 101인집 출간위원회, 『미원조영식박사 교단50주년기념 인간 조영식박사 101인집』, pp.283-289.

나는 언제나 그의 인품과 용기를 흠모하였고, 그에 대한 존경심을 품고 있었다. 사람들이 이상을 말하기는 쉽다. 하지만 그 이상을 실현한다는 것은 결코 쉬운 일이 아니다. 그는 놀라운 지도력과 빠른 행동을 통해서 차근차근 그의 이상을 실현해 나갔다.

조 박사님으로부터 지난 20여 년 동안 학문연구, 대학행정, 그리고 살아가는 방법 등을 포함한 많은 것을 배울 수 있었던 것을 영광으로 생각한다.

이 세계대학총장회는 조 박사님의 의도하신 교육을 통한 세계평화의 구현과 인류의 안전과 복지를 위해 많은 공헌을 하였다. 그러므로 조 박사님이야말로 동양이 낳은 세계 최고의 지성인임을 자랑하고 싶다.[93]

조영식 총장은 1990년 12월 10일 일본을 방문하여 경희대학교와 아끼다 경제 법과대학 간의 자매교 관계를 체결하여 학술교류관계의 협정을 맺었다. 그때, 조 총장은 "국제질서의 변화와 동북아시아의 정세"라는 학술교류협정 기념강연을 했고 오오후찌 도시오 총장은 조총장의 세계관과 철학에 대해 대단히 깊은 영감과 감동을 받았다. 그는 말하기를;

1950년대에 어떤 학자는 머지않아 서구시대의 몰락을 예언했고, 60년대에 이념시대의 종언을 예고했고, 70년대에는 아메리카 시대의 종식을 예언하고 있었지만 조 총장께선 오늘날, 우리들이 굳게 인식하지 않으면 안 되는 것은 그저 단순한 사회체제만의 변혁만이 아닌 통합, 완성혁명을 목표로 사회체제가 온통 변혁하고 있다고 하는 것을 역설하였다.

그것은 프랑스 혁명이나 러시아 혁명을 초월한 제3의 민주혁명인 "통합혁명"이라고 명명하였다. 대저 민주주의의 기본정신은 보편주의에 있는 주권재민 사상을 기조로 하고 있는 것으로 한 나라만의 이익을 구하는 것이어서는 안 되고 보편주의의 원리에 따라 전 세계, 어떤 나라의 사람이든 모두가 공통되는 것이 아니면 안

---

93) 사꾸라이 준(櫻井淳), 日本 東京大学校 总长, "세계의 출중한 지도자", 인간 조영식박사 101인집 출간위원회, 『미원조영식박사 교단50주년기념 인간 조영식박사 101인집』, pp.341-343.

된다는 것이었다.

　또한, 유럽에서는 통합이 목표가 되고 있고 EC의 중심여부와
관계없이 하나의 유럽사회의 성립을 목전에 두고 있으며 지금까지
세계를 지배하여 온 것이 서양문명이었다고 치더라도 21세기는
동북아시아의 시대로 동양의 정신문화와 서양의 과학·물질문명
등을 통합하여 다극화 된다고 해도 문명의 중심지는 일본·중국
그리고 한국이라고 생각한다. 문명의 중심이 동북아시아로 옮겨져
올 때에는 이 3국이 협력하여 국가주의와 국제주의를 잘 조화시켜
전 세계의 인류와 함께 공존할 수 있는 사회를 창조하지 않으면 안
된다고 강조하였다. 이러한 조영식 총장의 강연 요지에 대해 일본에
부여된 사명은 먼저 위대한 일본을 만들어 동북아시아의 안정과
세계의 평화, 인류의 복지를 위한 새 길을 개척해 나가는데 힘을
합해야 한다고 생각한다[94]고 피력하였다.

　기노시다 시게노리(木下茂德) 일본 대학교 총장은 조영식에 대해
'만복하고 후덕하고 인자하신 옹(翁)의 귀한 상'이라고 묘사한다. 또
한 그는, 조영식 박사의 행동의 범위는 첫째 경희대학교에 있어서
그리고 대한민국의 교육계 전반에, 넓게는 소위 이데올로기 또는 국
가체제를 초월한 진실로 범세계적인 교육 및 평화운동에 걸쳐 있습
니다. 그러면서도 이러한 행동의 전부가 모두 굉장한 성과를 거두고
있습니다.[95] 라고 말하였다. 특히 그는 조영식을 사색과 아이디어맨,
철학과 평화사상의 구현자로 평가한다.

---

94) 오오후찌 도시오(大淵利男), 日本·秋田経済法科大学長, "조영식 박사의 세계관", 인간 조영식
　　박사 101인집 출간위원회, 『미원조영식박사 교단50주년기념 인간 조영식박사 101인집』,
　　pp.407-409.
95) 기노시다 시게노리(木下茂德), 日本大學校 總長, "萬福厚德仁慈하신 翁의 귀상", 인간 조영식
　　박사 101인집 출간위원회, 『미원조영식박사 교단50주년기념 인간 조영식박사 101인집』,
　　pp.225-229.

"조 총장은 깊은 사색과 아이디어에 충일(充溢)된 분입니다. 조 총장의 탁월한 행동의 실적은 타고난 선천적인 자질의 발현임은 두 말할 나위가 없습니다. 그러나 자질이 아무리 뛰어났다 해도, '보석은 갈고 닦지 않으면 빛이 안 난다'는 속담처럼, 자질만으로는 결코 훌륭한 실적이 실현되지 않습니다. 조 총장의 슬기롭고 뛰어난 실적은 충만 된 아이디어의 소지자라는 자질에 덧붙여 깊은 사색에서 얻어지고, 발현된 것으로 생각하고 있습니다. 이것은 조 총장이 세우신 평화복지대학원 캠퍼스 안에 경희대 개교 42주년을 기념하는 '명상(冥想)의 집'을 건립한 것으로 실증됩니다. '명상의 집'은 조 총장의 체험을, 평화복지대학원들에게 구현시키기 위해 건설된 것이라고 생각합니다. 그 성과는 기대하고도 남음이 있다고 사료됩니다."96)

일본대학에선, 조 총장을 초대하여 몇 번인가 간담회를 가졌는데 화제는 늘 세계의 평화와 복지에 관해서였다. 그리고 그 때마다 조 총장의 세계평화와 복지 지향의 높은 이상은 자신의 철학에 기본을 둔 정열의 소산으로 일본대학의 학자들에게 많은 감명을 주었다. 1990년부터 경희대학교와 일본대학에선 '동서 정치시스템의 변모와 동북아시아의 역할'이란 주제의 공동연구를 해 왔으며 동년, 12월 13일과 14일의 양일에 거쳐 일본대학에서 공동연구회를 가졌을 때, 조 총장의 강연을 요청했다. '국제질서의 변화와 동북아의 정세'에 대한 이 강연 속에서 프랑스혁명을 제1차 민주혁명, 러시아혁명을 제2차 민주혁명이라고 주장하시고 이제야말로 그 완성혁명인 제3차 민주혁명이 실현되어가고 있다고 강조하였는데, 그들은 조 총장의 역사철학의 일단에 접하면서 조 총장이 굉장한 역사철학의 제1인자

---

96) 기노시다 시게노리(木下茂德), 日本大學校 總長, "萬福厚德仁慈하신 翁의 귀상", 인간 조영식 박사 101인집 출간위원회, 『미원 조영식박사 교단50주년기념 인간 조영식박사 101인집』, pp.225-229.

라는 인식을 새삼 공고히 했다[97]고 피력한다.

뿐만 아니라, 조영식 총장 일행은 1997년 11월 1일 일본의 소카대학을 방문하여, 동 대학의 설립자 이케다 다이사쿠와 양 대학 간의 교류협력을 체결하였으며, 소카대학의 명예박사학위를 받았다. 1998년 5월 15일에는 경희대학에서 이케다 다이사쿠 박사부부를 초청하였으며, 이케다 다이사쿠 회장에게 경희대학교의 명예 법학박사학위를 수여하였다. 이와 같이 조영식은 일본 대학과의 자매결연, 대학 간의 스포츠 교류, 다양한 인적 교류를 통하여 민간외교를 추진해나가는 것을 알 수 있다.

---

97) 기노시다 시게노리(木下茂德), 日本大學校 總長, "萬福厚德仁慈하신 翁의 귀상", 인간 조영식 박사 101인집 출간위원회, 『미원 조영식박사 교단50주년기념 인간 조영식박사 101인집』, pp.225-229.

6장_중국과의 학술 및 사회교류를 통한 민간외교

1. 중국학자들이 본 조영식의 오토피아(Oughtopia)의 시대정신

오토피아 이론은 시대정신과 정신문화를 강조한다. 중국학자들 중에 지린(吉林)대학의 까오칭하이(高淸海)는 "조영식선생의 미래의 이상세계를 보여준 오토피아가 현시대의 정신문화적 조건에서 충분히 실현될 수 있는 원인은 그것이 인간의 본성을 보여줬기 때문"이라고 하였다.[98] 북경대학 철학과의 이에랑(葉朗)은 중국의 숑스리(熊十力)의 철학과 한국의 조영식의 철학을 비교 연구하였다. 그는 중국의 공자, 맹자, 노자, 선진제가를 비롯하여 인도의 석가모니, 이스라엘의 이사야, 그리스의 탈레스 등 모두가 인류가 직면한 근본 문제들

---

98) 高淸海 '時代精神的視覺理解 Oughtopia' 2002. 8. 12. 경희대 인류사회재건연구원 초청강연. 자료. p.4.

을 지적했음을 말하고 이들 사상가들에서 조 박사가 말한 '인류의 동질성' 혹은 '동시대성'을 읽을 수 있으며 "진정한 철학은 모두 시대적 산물이며 전 인류성(全 人類性)을 담고 있다"고 강조한다.[99] 또한 "조 박사의 철학은 '生'의 철학과 '仁'의 철학의 복귀를 지향하지만 훨씬 더 높은 경지를 지향한다. 그것은 인류문명이 직면하고 있는 심각한 위기에 대한 인류문화의 위대한 부흥이자 희망이다. 뿐만 아니라, 오토피아는 동양전통철학과 세기전환기의 시대정신이 상호결합한 산물이며, 동방인자(東方仁者)의 철학(趙永植的 哲學, 乃是東方傳統哲學和世紀轉變期的時代精神相結合的産物, 乃是東方仁者的哲學)"이라고[100] 높이 평가하였다. 중국의 대철학자로 칭송받는 그가 "오토피아는 미래학이다. 21세기는 오토피아의 이상사회를 창건하는 인류미래의 무한한 믿음을 품고 신세기를 창조해야 한다."[101]고 주장하는 것은 우리에게 시사 하는바가 크다고 하겠다.

이외에도, 중국의 교육기관에서 오토피아를 다루고 있는 사례로는 여러 곳이 있다. 중국 하남성(河南省)의 정주(鄭州)대학에는 승달관리학원(昇達管理學院)이라는 대학원 교육과정이 있는데 이는 왕꽝야(王廣亞)가 설립하여 이미 15년 넘게 교육을 통한 인재양성에 주력하고 있다. 왕꽝야는 중국에서 태어났지만 대만의 교육계에 특히 많은 영향력을 끼쳤고 육달(育達) 교육재단을 설립하여 중·고등학교 및 전문대학을 운영하고 있다. 그는 학교운영에 조영식의 교육이념을 많이 활용하고 있다. 그래서인지 많은 사람들은 왕꽝야를 '중국

99) 葉朗, 「東方仁者的哲學」, 『GCS 運動과 社會平和』, GCS 國際學術會議, 1998. 5. 17. 서울 롯데호텔, 國際學術會議 發表論文 p.47.
100) 葉朗, 위의 논문, p.51.
101) Ye Lang, "The Great Reconstruction of Human Civilization", The Publication Committee of Global Leader With Great Vision, *Global Leader With Great Vision*, (Seoul: Kyohaksa, 1997), p.138.

의 조영식'이라고 평가하였다.[102] 뿐만 아니라 조영식의 교육이념과 평화관념은 이케다 다이사쿠 회장이 경영하는 일본의 창가대학(創價 大學: Soka University)에서도 보여진다. 이케다 회장은 조영식의 철학에서 많은 공감을 얻었고, 이는 그를 초청하여 명예박사학위를 수여하는 계기가 되었다.[103] 특히 2002년 중국 요녕 대학교에서는 '오토피아 연구센터'를 개관하였고 동시에 "오토피아니즘을 통한 인류사회의 재건"을 주제로 국제학술세미나를 개최 하였다. 이 국제세미나에서는 북경 대학, 청화 대학, 길림 대학 및 요녕 대학의 철학자들과 한국의 대학 교수 20여 명이 주제발표를 통해 오토피아 이론과 철학에 대한 심층적인 논의를 하였다.[104] 또한 『오토피아(Oughtopia)』는 1979년에 한국에서 처음 발간된 이후 중국어를 비롯한 다양한 언어로 번역출판 되었다. 뿐만 아니라 국내외에서 오토피아니즘에 대한 연구가 심도 있게 진행되고 있으며 특히 중국학자들에 의해 많이 연구되어오고 있음을 알 수 있다.

2. 중국사회에 실천한 NGO 운동- 밝은사회 운동과 보람

앞서 설명한 바와 같이 오토피아의 실천 활동은 밝은 사회운동, 평화운동 등으로 전개되었는데 그 중에서는 밝은 사회 해외 클럽인

---

102) 중국 정주대학(鄭州 大學) 대학원 승달 관리학원(昇達 管理學院)의 창립 10주년 기념식의 포럼에 필자가 참석하여 교수, 대학관계자들과의 대화에서. 2004. 10. 15.
103) 1997년 11월 2일 일본 성교신문(聖敎新聞). 일본 창가대학(創價 大學: Soka University)에서는 개교 제27주년 기념일을 맞이하여 경희대학 창립자 조영식 박사를 초청 명예박사학위를 수여하였으며 필자를 포함한 10여명의 인류사회재건연구원 교수들이 참여하여 양 대학의 교수들과 좌담회 및 토론회를 개최하였다.
104) 경희대학교 인류사회연구소·요녕 대학 오토피아연구센터 공편, 『오토피아니즘을 통한 인류사회의 재건』, pp.6-7. 발간사.

'GCS 중국지구'가 다양한 역할을 하였다. 대표적인 활동 중에 우선 인간적으로 보람 있는 사회의 실천을 예로 들면, 'GCS 중국지구'(동북아 지역: 회장 진쩌(金哲))에서는 다양한 국제 활동을 전개하고 있는데, 한·중 청소년 교류사업 및 도서기증, 조선족 노인협의회와 문화시설 건립. 노인을 위한 행사실시, 병원건립, 중국 수재민에게 밀가루 지원, 북한에 밀가루 50톤 지원 등의 봉사를 실천에 옮기고 있다.[105] '중국 동북지구 GCS연합회'에서는 '한·중 교육사업'의 일환으로 한·중 청소년 교류를 길림성 반석시(吉林省 盤石市) 홍광 중학교(고등학교를 중학교라 칭함)와 청량리 고등학교가 자매결연[106]을 맺어 상호방문, 교류할 수 있도록 역할을 하였다.

풍요로운 사회를 위한 운동은 GCS클럽의 잘살기 운동의 일환으로 추진되었다. 중국연변지역 농촌개발사업 시행에 관해 구체적으로 살펴보면 'GCS 한국본부'에서는 1998년부터 중국 농촌개발 사업으로 연변의 광명촌(光明村)에 제1차 농촌시범마을을 선정하여 매년 수 십 마리의 소를 구입, 그들로 하여금 소를 기르게 하고 새끼를 쳐 배가운동을 전개하는 등 주민들의 소득증대에 기여하고 있다. 또한 몇 해가 지난 후에는 품종을 '소' 대신 면역성이 뛰어난 '오리'로 바꾸고 부엌시설 개량사업 지원 등 주민들의 생활향상에 기여 하고 있다.[107] 한국본부에 속한 'GCS 중앙클럽'에서도 2001년부터 중국 연변 화룡시(華龍市)에 제2차 시범마을 조성활동을 전개하였다. 이농현상으로 폐교가 된 학교건물을 마을회관으로 보수하고 매년 수 십 마

---

105) 中國 北京協會 活動報告, 『UN NGO GCS國際學術會議, GCS Movement and Social Peace』, 1999, GCS International, p.182.
106) 中國 盤石協會 活動報告, 『UN NGO GCS國際學術會議, GCS Movement and Social Peace』, 2000, GCS International, Global Cooperation Society(GCS) International, p.44.
107) 중국 연변 시 광명촌 현지방문. 1998. 8. 10. 그 후 연구조사차 중국에 가서 설문조사를 하였으며 불과 몇 년 만에 생활이 향상됨을 알 수 있었다 ; 신대순, 하영애, 이환호, 『중국동포 삶의 질 향상을 위한 실태조사』(서울: 재외동포재단, 2002), 3장-4장 참고.

리의 양을 구입하여 300마리가 되도록 하였으며 주민의식개혁, 잘 살기 운동, 생활환경 개선을 추진하였다. 뿐만 아니라, GCS클럽의 활동의 일환으로 의료혜택을 제공하였다. 'GCS 중국 동북지구협회' (회장 쑨시타이(孫西太))의 보고에 따르면, 'GCS장춘협회(長春協會)' 회원 4명은 장춘에서 유일한 지체부자유자 종합 진료소를 차리고 치료비 면제나 염가치료를 해주고 있다. 그 숫자가 1년간 무려 5,000명에 이르고 있어서 지방정부와 환자들에게 큰 호응과 칭찬을 받고 있다고 한다.108) 'GCS장춘협회'는 또한 중의 학원(中醫學院 : 의과대학)과 한국 유학생의 의과대학 실습의 교량역할을 해오고 있다. 예를 들면, 유학생들에게 실습기자재 및 학습활동을 돕고 있으며, 또한 유학생 보건사업 진찰을 187차에 걸쳐 해주었으며 혼수상태에 빠진 유학생 최수영의 생명을 구하기도 하였다. 또한 'GCS 길림시 클럽'과 'GCS 반석시 클럽'에서는 장학금 지급,109) 의료보건 활동을 실천에 옮기고 있다.110)

그뿐만 아니라, 중국의 사천성(쓰촨성)에 지진사태가 일어났을 때 조영식은 경희대학의 교수들을 비롯한 전 교직원에게 이웃국가의 재난에 작은 도움을 주자고 협의하여 한 달 급여 중에 1-1.5%를 모아 현지에 전달하였다. 밝은사회 각 클럽에서도 이에 동참하였으며, 서울클럽에서는 대형천막 10동을 지을 수 있는 경비를 마련하여 사천성에 보내기도 하였다.111)

---

108) 하영애, "동북아에서 GCS평화운동의 실천방안모색", 『목요세미나』, 제7권, (서울: 경희대학 교 인류사회재건연구원, 2004), pp.243-244.

109) 『光明社會運動指南』1996, -UN NGO G.C.S Club 國際光明社會世界總會 光明社會問題研究 所, pp.5-8. 이 3대 목표, 3대 정신과 5대 운동은 국내외 모든 GCS Club의 공통된 사항으로 GCS 국제본부에서 각 헌장 및 규정에 명시하여 시행하고 있다.

110) 하영애, "동북아에서 GCS평화운동의 실천방안모색", p.244.

111) 이재민들에게 가장 시급한 것이 현지에 문의한 결과 '대형천막'으로 파악되어 서울클럽회원, 한중여성교류협회 회원, 동북아 학회 등의 협조를 얻어 '대형 천막 10개'를 제작하여 보냈다.

제3부

조영식이 이룬 민간외교의
업적과 평가

1장_해외 각국을 통해 이룬 민간외교의 업적

　　조영식이 해외 각국을 통해 이룬 민간외교의 업적은 다양하지만 그중에서도 국제평화연구소의 설립과 주요역할, 미주에서 빛난 민간외교의 결실-인종화합, 세계의 중요한 국제회의에서 중추적 민간외교 역할 등으로 고찰할 수 있겠다.

1. 국제평화연구소의 설립과 주요역할

　　IAUP는 국제평화연구소(The Institute of International Peace Studies: IIPS)를 설립하였으며 그 위치는 한국의 경희대학교에 두도록 하였다.
　・국제평화연구소의 주요기능은
　첫째, 평화연구를 촉진하고 평화이론을 개발하여 전 세계의 평화연구가와 그들의 활동에 방향을 제시하고

둘째, 평화교육을 촉진하고 이로써 지성인들에게 평화의식을 심어주며

셋째, 세계평화의 구현방안을 마련하고 이를 국제기구와 각국의 정책에 반영토록 하여

넷째, 모든 대중이 참여할 수 있는 평화운동을 조직하여 이를 범세계적으로 전개하고 확산하고자 한다.

조영식은 이 국제평화연구소를 중심으로 세계적인 평화세미나를 매년 한국에서 개최하였다. 세계평화의 날(1981) 10주년 때는 대 주제 'New World Order: Post-Ideological World in the 21st Century'였으며, 유엔 창설 50주년인 1995년에는 'Tolerance, Restoration of Morality and humanity', 또한 세계평화의 해(1986) 10주년에는 'Peace Strategies for Global Community and the Role of the UN in the 21st Century' 개최하였고, 1999년에는 'Will World Peace be Achievable in the 21st Century'라는 주제로 기념하였다.

그리고 조영식의 주요업적을 다음 몇가지로 고찰 할수 있겠다.

첫째, '세계평화의 날' 의결 제정 및 기념식과 국제학술회의의 개최로 평화의식 고취

앞에서 고찰한 바와 같이 조영식은 IAUP 의장으로서 세계의 석학들과 코스타리카 결의문(Costa Rican Resolution)을 이끌어 내어 1981년 제36차 유엔총회에서 참석국의 만장일치로 「세계평화의 날」(매년 9월 셋째 화요일)을 결의하도록 주도적인 역할을 함으로써 세계가 지속적으로 평화에 주목할 수 있는 민간외교의 결실을 이루어 내었다.

특히 1982년 9월 16일-18일 "제1회 국제평화학술회의"를 개최를 시작으로 1999년까지 총 18회의 기념식과 국제학술회의를 개최하였

다(표-2 참조). 또한 대학생들의 평화의식 함양을 위해 1982년부터
매년 1회에 통일문제 관련 학술토론회 및 심포지엄을 개최하였다.

둘째, 평화 대백과 사전 발간

1987년 세계 최초로 평화백과사전인 「World Encyclopedia of Peace」
영국 퍼리번 출판사와 공동으로 발간하였으며, 미국의 법률 및 사회
과학 서적 전문 출판사인 Oceana 출판사와 공동으로 증보개정판 「World
Encyclopedia of Peace」을 발간하였다. 또한 정기간행물 「평화연구」
를 비롯한 다수의 출판물들을 발간하였다.

[표-2] 한국에서 개최한 세계평화의 날 기념 및 국제세미나 개최 현황

일시	내용	대주제	장소	esolution비고
1982. 9. 21	제1회 세계평화의날 기념식 및 국제평화학술회의	Crises and Peace in Contemporary	국립극장	약 100명 참석
1983. 9. 20	제2회 세계평화의날 기념식 및 국제평화학술회의	The Realization of World Peace	프라자호텔 국제회의장	약 120명 참석
1984. 9. 19	제3회 세계평화의날 기념식 및 국제평화학술회의	World Peace through the United Nations	신라호텔 국제회의실	약 200명 참석
1985. 9. 18	제4회 세계평화의날 기념식 및 국제평화학술회의	The UN: The Past, Present and Future	신라호텔 국제회의실	약 200명 참석
1986. 5. 14-15	세계평화의해기념 국제학술회의	The Search for the Causes of International Conflicts and the Ways to their Soiutions	신라호텔	약 500명 참석

일시	내용	대주제	장소	esolution비고
1986. 9. 1	제5회 국제평화학술회의	Great Global Human Family Looking at the 21st Century	평화복지대 학원 회의실	약 300명 참석
1987. 9. 15	제6회 세계평화의날 기념식 및 국제평화학술회의	변화하는 국제환경과 1980년대의 한반도	평화복지대 학원 회의실	약 200명 참석
1988. 9. 15	제7회 세계평화의날 기념식 및 국제평화학술회의	테러리즘과 국제평화의 전망	평화복지대 학원 회의실	약 150명 참석
1989. 9. 18-20	제8회 세계평화의날 기념식 및 국제평화학술회의	Northeast Asian Security and World Peace in the 1990s	평화복지대 학원 회의실	약 300명 참석
1990. 9. 18-19	제9회 세계평화의날 기념식 및 국제평화학술회의	Search for a New World Order through the Changes in the East-West Relations	평화복지대 학원 회의실	약 150명 참석
1991. 9. 17-18	제10회 세계평화의 날 기념식 및 국제평화학술회의	New World Order: Post-Ideological World in the 21st Century	평화복지대 학원 회의실	약 300명 참석
1992. 9. 15-16	제11회 세계평화의 날 기념식 및 국제평화학술회의	Democracy and new World Order in the 21st Century	평화복지대 학원 회의실	약 200명 참석
1993. 9. 21-22	제12회 세계평화의 날 기념식 및 국제평화학술회의	1차: The New World Order and the Roles of UN	평화복지대 학원	약 350명 참석
1993. 11. 11-13		2차: Peacein North-east Asia Toward Greater Regional Cooperation	평화복지대 학원	약 200명 참석
1994. 9. 27-28	제13회 세계평화의 날 기념식 및 국제평화학술회의	Restoration of Morality and Humanity	신라호텔 국제회의실	약 500명 참석

일시	내용	대주제	장소	esolution비고
1995. 9. 5-7	제14회 세계평화의 날 기념식 및 국제평화학술회의	Tolerance, Restoration of Morality and humanity	신라호텔 국제회의실	유엔창설 50주년 약 1000명 참석
1996. 9. 17	유엔제정 「세계평화의해 (1986) 10주년」 및 제15회 세계평화의 날 기념 국제평화 학술회의	Peace Strategies for Global Community and the Role of the UN in the 21st Century	신라호텔 국제회의실	약 300명 참석
1997. 9. 1-3	제16회 세계평화의 날 기념식 및 국제평화학술회의	Visions and Realities in the 21st Century	경희대학교 수원캠퍼스 및 평화복지 대학원	약 1000명 참석
1998. 9. 24-26	제17회 세계평화의 날 기념식 및 국제평화학술회의	Global Visions toward the Next Millennium: Modern Civilization and Beyond	신라호텔	약 500명 참석
1999. 10. 11-13	제18회 세계평화의 날 기념식 및 국제평화학술회의	Will World Peace be Achievable in the 21st Century	워커힐 호텔	약 1000명 참석

자료출처: 매년 세계평화의 날 기념 후의 자료 참고 후 필자 구성.

조영식이 이룬 평화의 날 및 평화의 해 와 관련한 활동은 그 이후에도 한국에서 지속적인 회의가 개최되었음을 보여준다. 특히, 최근에는 평화의 날과 관련하여 한국조직위원회가 성립되어 꾸준히 추진되고 있는데 그 성립배경과 구체적 활동을 고찰해 보자.

1) "UN 세계 평화의 날 한국조직위원회" 성립 및 평화 활동 개최

2008년 7월 반기문 UN사무총장 방한 시 UN 공보국(UNPDI)관계자에게 기존 활동 중이던 유엔과 국제 활동 정보센터의 존재와 활동을 알린 바 있으며, 당해 8월 25일 UN공보국장 Susan Manuel(Chief, Peace and security section, Department of Public Information)으로부터 한국에서의 세계 평화의 날 기념사업 진행 가능 여부에 대한 문의가 온 바 있다. 이후 유엔개발계획 한국사무소 측과의 협의를 거쳐 한국에서 'UN 세계 평화의 날' 기념사업 진행하기로 결정하고 'UN 세계 평화의 날 한국조직위원회'를 만들어 활동을 시작하였다.

이후 2009년 아시아종교인평화회의(ACRP) 김성곤 사무총장은 세계종교인평화회의(WCRP)로부터 한국에서 세계 평화의 날 기념사업을 더 확장 시켜줄 것을 요청 받고 한국종교인평화회의(KCRP)와 함께 기존 UN 세계 평화의 날 한국조직위원회를 확대하여 오늘에 이르고 있으며 현재 UN과 관련되거나 국제 활동단체, 평화활동단체 등이 협력단체로 한국조직위원회를 구성하고 있으며, 매년 발대식마다 협력단체를 모집하여 한국조직위원회를 재구성하고 있다.

좀 더 구체적으로는 <표-5>를 참고할 수 있다.[112]

---

112) 유엔세계평화의날 한국조직위원회, 『2012 UN 세계평화의 날 기념사업 자료집』, p.3.; p.11.

연도	기간	주제
2008	2008. 9. 21(일)	
2009	2009. 9. 19(토)~21(월)	A Million Minutes for Peace / We Must Disarm
2010	2010. 9. 12(일)	평화 = 미래 (Peace = Future), 청년과 개발(Youth and Development)
2011	2011. 9. 21(수)	평화의 날 제정 30주년
2012	2012. 9. 19(목)~9. 23(일)	Sustainable Peace for a Sustainable Future 지속가능한 미래를 위한 지속가능한 평화

특히, UN 세계 평화의 날 한국조직위원회(Korean Organizing Committee for UN International Day of Peace)는 한국에서 UN 세계 평화의 날을 기념하고 평화의 가치를 널리 알리기 위해 만들어졌다고 설명하고 기념 자료집에 다음과 같이 명문화 하고 있다.

"UN 세계평화의 날은 1981년 6월 세계대학총장회 제6차 총회에서 당시 의장을 맡고 있던 우리나라의 故 조영식 박사 (당시 경희대학교 총장)에 의해 제안되었습니다. 같은 해 열린 제36차 UN 총회에서 이 제안이 만장일치로 결의되어 UN총회가 개최되는 9월 셋째 주 화요일을 영구 기념하기 위해 이날을 'UN 세계평화의 날'로 정식으로 선포하고 "전 세계의 전쟁과 폭력이 중단되는 날"로 결정하였습니다.
(A/RES/36/67)

UN과 함께 세계적으로 진행되는 UN 세계 평화의 날 캠페인을 한국이 중심이 되어 주최하고 있으며 2012년에는 서울과 부산에서 동시에 개최하였다. 현재 세계 54개 국가의 300여개 주요 도시에서

9월 21일을 전후 하여 각종 기념행사를 개최하고 있으며, 범세계적인 행사로는 세계일주 마라톤, 동서횡단 사이클링, 미스 유니버시티 선발대회 등이 있다.[113]

　한국인 조영식이 이루어낸 세계평화의 날 행사는 비록 지금은 고인이 되었지만, 그의 평화의 정신은 국내에서 그리고 세계도처에서 인류의 평화와 복지를 위해 꾸준히 추진되고 있음은 대단히 고무적인 일이라고 하겠다.

2. 미주에서 빛난 민간외교의 결실-인종화합

　LA 다문화 한국프로그램은 1997년부터 2016년까지 18회 동안 이루어졌다. 그 취지는 한 흑인간의 상호문화를 이해하기 위해 조영식이 제의해서 이루어진 것이다. 그는 다양한 민족이 상호다른 문화를 이해하기위해서는 직접 체험을 통해 추진하는 것이 좋다고 생각하고 다양한 민족들로 구성해서 한국을 방문한 팀들을 경비는 경희대학에서 조총장이 부담하고 10일 동안 다양한 분야를 답습해 보게 하였다. 구체적으로 <표-3>, <표-4>를 통해 고찰해보자.

---

113) 유엔세계평화의날 한국조직위원회, 『2012 UN 세계평화의 날 기념사업 자료집』, p.3.

\<표-3\> LA Multi-Cultural Leadership Korea Visitation Program
(The 1st Delegates list 11-20 of June 1997)

	Name	Sex	Position & Organization
1	Ik Soo Whang	M	Former YMCA Director President, OMEGA Company
2	Rodolpho "Rudy" Carrasco	M	Associate Director, Harambee Christian Family Center
3	Justin Chang	M	Student, Amherst College
4	John Fanestil	M	Senior Pastor at Westchester United Methodist Church
5	Mark-Anthony Flores	M	Assistant to Director, Recreation and Community Service
6	Levon Garland	M	Field Engineer, Job-site Superintendent
7	Mark Hobbs	M	Director, Admissions at Claremont School of Theology
8	Ellyn Kauffman	M	Project Coordinator, Carl Derzian Associates
9	Maria Lopez	F	E.O.P. & S. Counselor, Compton Community College
10	Mitchel Moore	M	Executive Director, Heart of LA Youth
11	Yolanda Nunn	F	President & CEO Nunn Associates
12	Derek Perkins	M	Executive Director, Harambee Christian Family
13	Scott Suh	M	Gain Case Manager

자료출처: GCS -The 11th Annual Multi-Cultural Leadership Korea Visitation Program, October 7-17, 2007, p.117.

〈표-4〉 LA 다문화 한국프로그램 참가현황 (1997-2016)

차수	연도	참여자 및 직책
1차	1997.10.11.~10.20.	Mark Hobbs 등 13명
2차	1998.9.13.~9.22.	Aaron McCraney(LA Police officer) 등 12명
3차	1999.9.5.~9.14.	Dr. Deborah, S. Lablanc 등 14명
4차	2000.9.17.~9.29.	Tamara F. Warrem(Social Worker) 등 14명
5차	2001.12.21.~12.30.	Denise Railla(Writer) 등 13명
6차	2002.12.6.~12.15.	Chan-Hie Kim(Professor) 등 15명
7차	2003.9.21.~9.30.	Cecilia P. Barrios(Director of Nursing) 등 15명
8차	2004.12.10.~12.19.	Sang-Ju Lee(President, GCS LA Club) 등 16명
9차	2005.12.9.~12.18.	Marin Pinnell(Teacher) 등 15명
10차	2006.12.10.~12.17.	Helmi A. Hisserich(Regional Administrator) 등 15명
11차	2007.10.7.~10.17.	Cecilia Estolano(CEO) 등 20명
18차	2016.10.9.~10.19.	Kevin Taylor(Field Representative) 등 18명

자료출처: GCS –The 11th Annual Multi-Cultural Leadership Korea Visitation Program, October 7-17, 2007, pp.117-126.

<표-3> LA Multi-Cultural Leadership Korea Visitation Program과 <표-4> 'LA다문화 한국프로그램 참가 현황'에서 보는바와 같이 제1차 1997년 10월부터 약 10일간의 한국 방문으로 시작된 이 프로그램은 매년 1회씩 빠지지 않고 진행되었으며, 2016년 제 18차를 개최하였다. 이들의 참가자 현황은 확인된 인원이 180명이며 통상 13명 내지 15명을 감안하면 300여명이 한국을 방문한 것을 알수 있다. 이들은 문화, 산업, 기업 등 다양한 곳을 탐방하였으며 한국 교유의 문롸와 관습을 체험해보았다. 참여자의 직업군으로는 교수, 작가, 경찰, LA 밝은사회클럽 회원, CEO 등 다양하며 민족 구성도 다양한 국가들로 구성되어있다.

뿐만 아니라, 뉴욕에서 '한미친선 한국 방문사업단'의 일원으로 한국을 다녀온 (뉴욕의)외국인들은 각각 다녀온 후의 소감을 긍정적으로 피력하고 있다. Oliver Wesson씨는 "조영식 박사는 한국인으로 보기 드문 젠틀맨으로 온화하고 부담을 주지 않는 지도자"라고 말하였으며 또한 Beatrice Bryd씨는 "평화에 대한 집념, 동양인의 자부심, 세계를 향한 노력을 가진 한국이 낳은 세계적 인물"이라고 평가 하였다. 특히 뉴욕 시 교육위원 Dr. Reyer는 "전 생애를 교육에 투신하여 일을 처리 하는 깊은 생각과 행동은 하나의 교육자의 심벌이었다." Oliver Wesson said: "He is a real gentleman, and a leader who is warm-hearted and not demanding." Beatrice Bryd said: "A Korea-born world leader with strong conviction in peace, a pride of the Orient, and with consistent zeal toward the whole world." Dr. Reyer, Councillor of the New York City Educational Council commented: "He is a symbol of an educator who dedicated all his life to education and who has always worked conscientiously."114) 라고 평가 하였다.

뉴욕, 로스앤젤러스, 시카고에서 펼친 조영식의 인간, 박애, 평화 정신은 미주국가들의 각종 분규 특히 한국인과 흑인사이의 갈등을 해소하는 역할을 하였다.

---

114) Chong-Duk Pyon, "A Man Who Planted Seeds For Racial Harmony In New York.", *Global Leader with Great Vision,* The Publication committee of Global Leader with Great Vision (Seoul: 1996), pp.374-375.

3. 세계의 중요한 국제회의에서 중추적 민간외교 역할

앞에서 고찰한 바와 같이 조영식은 많은 국가에서 자신이 기획하고 사색하고 준비하여 온 다양한 국제회의에서 항상 중추적 역할을 하였다. 자신의 아이디어로 아시아 대학총장회의를 개최하려던 것에서 발전하여, 영국 옥스퍼드대학 총장과 의견을 나눈 결과 빠른 시일내에 세계대학총장회의로 범위를 확대하자고 협의하게 되었다. 그 후 1965년 역사적인 발기인대회가 개최되었다. 여기에서 "옥스포드 결의문"이 제안·채택되었으며, 1975년에는 미국 보스톤에서 개최한 제4차 세계 대학 총장회에서 "보스톤 선언문"의 제안과 채택을, 1985년 태국 방콕에서 개최된 세계 대학총장회의 이사회에서 "반테러행위 결의문"제안·채택, 1986 유엔 세계 평화의 해 기념 국제 학술세미나에서 "서울 평화 선언문"제안·채택, 1991년 소련의 모스크바에서 열린 모스크바 평화회의에서 "세계 영구 평화정착결의문"을 제안·채택하는 등 모든 결의문이나 제안을 반드시 성공적으로 채택하는 성과를 이루어 내었다. 조영식이 아니면 할 수 없는 일이었다. <표-4>에서 그가 주도한 대표적인 결의문/선언문을 고찰해봄으로서 세계 각 국에서 이루어진 그의 민간외교의 발자취를 가늠할 수 있다.

〈표-4〉 조영식의 결의문 및 선언문 채택 현황

1965 영국 옥스퍼드에서 개최한 세계대학총장회에서 "옥스포드 결의문" 제안-채택
1968 서울에서 개최된 제2차 세계대학총장회에서 "서울결의문"을 제안-채택
　　　필리핀 마닐라에서 개최한 세계 대학연합회에서 "마닐라 선언"제안-채택
1974 미국 애틀란타시에서 개최한 제1회 세계 인류학자회에서 "인류사회의 신선언"제안-채택
1975 미국 보스톤에서 개최한 제4차 세계 대학 총장회에서 "보스톤 선언문"제안-채택
1978 이란 테헤란에서 개최한 제5차 세계 대학 총장회에서 "테헤란 선언문"제안-채택
1979 태국 방콕시에서 개최한 세계 대학 총장회 이사회에서 "방콕결의문"제안-채택
　　　서울에서 개최한 인류사회재건 연구원과 로마클럽의 공동 국제학술심포지엄에서 "서울 선언문"제안-채택
1981 코스타리카 산호세에서 개최한 제6차 세계 대학총장회에서 "코스타리카 결의문"제안-채택
1984 태국 방콕에서 개최된 제7차 세계 대학 총장회에서 "방콕 평화결의문"제안-채택
　　　제3회 유엔 세계 평화의 날 기념 국제 평화세미나에서 "서울 평화결의문"제안-채택
1985 태국 방콕에서 개최된 세계 대학총장회 이사회에서 "반테러행위 결의문"제안-채택
　　　제4회 유엔 세계 평화의 날 기념 국제 평화세미나에서 "전쟁의 인도화 결의문"제안-채택
　　　제2의 "적십자 운동" 제안-채택
1986 유엔 세계 평화의 해 기념 국제 학술세미나에서 "서울 평화 선언문"제안-채택
　　　유엔 세계 평화의 해 기념식에서 "반테러선언문". "휴전 호소문"제안-채택
1987 멕시코 과달라하라에서 열린 제8차 세계 대학총장회에서 "멕시코 결의문"제안-채택
1988 제7회 유엔 세계 평화의 날 기념식에서 "평화 메시지" 제안-채택
　　　제10차 밝은사회 국제 클럽 연차대회에서 "국민 대화합 결의문" 제안-채택
1989 제8회 유엔 세계 평화의 날 기념식에서 "평화메시지" 제안-채택
1990 헝가리의 부다페스트에서 열린 12차 세계 휴머니즘대회에서 "세계공동체를 위한 선언문"을 제안-채택
1991 소련의 모스크바에서 열린 모스크바 평화회의에서 "세계 영구 평화정착결의문"을 제안-채택
1992 제11회 유엔 세계 평화의 날 기념식에서 "Pax UN을 통한 세계영구평화정착 결의문"을 제안-채택

2장_문화예술을 통한 민간외교의 역할

1. 예술 활동·의료 활동·국제봉사 활동을 통한 민간외교

조영식은 예술 문화 분야와 관련해서도 수많은 국가를 방문하였다. 오페라 공연은 물론 대학생들을 인솔하고 인도네시아, 메탄 지역을 방문하여 국제 의료봉사를 하였다. 또한 세계 평화의 해를 맞이하여 UN평화활동 기금 지원 캠페인을 벌여 독일 쾰른 음대와 협력하여 음악회를 개최함으로서 미화 44,987달러를 모금하여 UN 사무총장에게 전달하였으며, 세계 아동보호와 국제평화 활동 지원 캠페인을 벌여 국제 창작 도예전을 개최함으로써 미화 12,144달러를 UNICEF에 기증하고 평화의 해 기념 세계일주 평화의 햇불 봉송대회(FIRST EARTH RUN)에 500만원을 기증하는 등 민간외교를 펼쳐나갔다. 아래에서 구체적인 자료를 볼 수 있다.

〈표-6〉 국제 의료 봉사, 음악회 개최 활동

1960	한국대학생 동남아 친선 사절단을 인솔하고 일본, 필리핀, 홍콩, 베트남 등지를 방문
1964	세계 대학총장회 설립을 발기
1968	한국 정부에 건의하여 경희대학교 주최 제2차 세계대학총장회의 개최 기념우표 발행
1971	히로시마, 나가사끼 원폭피해자 무료진료 개시
1975	국제 Civitan 클럽 한국지역 본부 창설
1976	필리핀 홍수 피해 구호품을 자매교인 필리핀 산토토마스 대학교를 통하여 전달
1978	우정의 사절단 단장으로 단원들을 인솔하고 미국 방문
1980	한국정부 공식대표단 단장으로 단원들을 인솔하고 뉴욕, 워싱턴, 텍사스 등지를 방문
1981	세계 대학총장회의에서 제안하여 채택된 '세계평화의날, 평화의 해 제정'결의안을 UN총회에 제출
	1981년도 제 36차 UN 총회에서 매년 9월 제 3화요일을 세계 평화의 날로 제정, 공포
1982	제 37차 UN 총회에서 1986년을 세계 평화의 해로 제정, 공포
	경희대학교 무료 의료봉사대를 태국, 방콕 지역에 파견
	제 1회 유엔 세계 평화의 날 기념식 및 국제 평화세미나 개최
	제 1회 유엔 세계 평화의 날 기념 대 음악회 개최
1983	경희대학교 무료 의료봉사대를 인솔, 인도네시아, 메탄 지역을 방문
1984	제 3회 유엔 세계 평화의 날 기념 대음악회 및 무용제 개최
1985	제 4회 유엔 세계 평화의 날 기념 음악회 개최
	유엔창립 40주년을 기념하여 서울 오페라단으로 하여금 The Crucible을 공연케 함
1986	세계 평화의 해를 맞이하여 UN의 특별 귀빈으로 초청받고 평화의 해 기념식상에서 특별 연사로 강연
	- UN평화활동 기금 지원 캠페인을 벌여 독일 쾰른 음대와 협력하여 음악회를 개최함 으로써 미화 44,987달러를 모금하여 UN 사무총장에게 전달
	- 세계 아동보호와 국제평화 활동 지원 캠페인을 벌여 국제 창작 도예전을 개최함으로서 미화 12,144달러를 UNICEF에 기증.
	- 평화의 해 기념 세계일주 평화의 햇불봉송대회(FIRST EARTH RUN)에 500만원을 기증
	- 세계평화의 해 기념으로 오페라 "춘향전" 공연을 위해 서울 오페라단을 미국 뉴욕에 파견 기념 공연
	- 유엔 세계 평화의 해 기념식 및 국제 평화세미나
	- 유엔 세계 평화의 해 기념 국제 초청 음악회 개최
	- 유엔 세계 평화의 해를 기념하여 서울 오페라단으로 하여금 오페라 Don Pasqualle를 공연케 함
	- 유엔 세계 평화의 해 기념 국제 민속무용 축제 개최
	- 한국 정부에 건의하여 유엔 세계 평화의 해 기념 우표 발행
	- 1987 세계 평화의 해 제정 발의와 동년의 평화활동에 대한 공적을 세움으로써 UN 으로 하여금 세계 대학총장회를 UN의 "평화의 사도(Peace Messenger)"로 임명케 함.
	- 유엔 세계 평화의 해를 기념하여 서울 오페라단으로 하여금 오페라 Tosca를 공연케함.
1988	경희대학교의 해외 무료 의료봉사 팀을 외국에 파견 한 공을 인정받아 대한적십자로부터 박애장 금상을 수상
1989	중국 요녕성 정부의 초청을 받아 한국이산가족 대표단을 인솔하고 중국 각지를 방문

1990 한국이산가족 대표단을 이끌고 유럽 및 미국의 국제인권 유관기관을 방문
1991 한국대표단을 인솔하고 모스크바 국제평화회의 참석
    대한민국 유엔가입 경축 정부사절단원으로 유엔 방문
    유니세프와 공동으로 체르노빌 원전 피해아동 및 아프리카 소말리아 기아 아동 돕기
    자선음악회를 개최하여 그 수익금 미화 73,154.66 달러를 UN에 기증
    제 10회 유엔 세계 평화의 날을 기념하여 서울 오페라단으로 하여금 오페라 Magic
    Flute을 공연케 함
1992 아프리카 수단에 경희대학교 무료 의료봉사대를 파견
    체르노빌 원전피해아동돕기 러시아 현대 유화전을 개최하여 그 수익금 미화 77,826
    달러를 UN을 통하여 우크라이나 공화국에 전달
    몽골 국제평화 학술회의 참가단을 인솔하고 몽골 방문
    밝은사회 국제클럽(GCS 클럽)을 UN NGO회원으로 가입케 함
    일천만 이산가족 재회추진 위원회를 UN NGO 회원으로 가입케 함
1993 제12회 세계 평화의 날 기념으로 경희산악회 등반대를 히말라야 브로드피크에 원정
    파견
    몽골에 경희대학교 무료 의료봉사대를 파견
    제 12회 유엔 세계 평화의 날을 기념하여 서울 오페라단으로 하여금 오페라 Aida를
    공연케 함
1994 한국대표단을 인솔하고 중국 심양에서 열린 경희대학교와 중국 요녕대학교 공동주최
    국제세미나에 참석
    제13회 UN 세계평화의날 기념 도덕과 인간성회복 국제회의 개최

2. 시와 음악적 감성을 평화외교에 접목

뛰어난 지도자는 예술적 특성과 감각을 유독 많이 가지고 있는가
보다. 조영식 박사는 시, 그림, 음악, 작곡 등 다양한 예술성을 가지
고 있었으며, 이러한 예술성은 그의 삶에서 그리고 민간외교에서도
상당한 비중을 차지한다고 할 수 있다. 그는 시를 썼고 많은 시들은
음악대학 교수를 통해 작곡을 하도록 하였다. 또한 오페라단을 조직
하여 미국 뉴욕 등 많은 곳에서 평화의 날과 평화의 해에 오페라 공
연을 하도록 독려하였다. 이러한 그의 예술적 감각은 수년 동안 특
히 미국에서 다양한 공연으로 연계되었고, 그가 설립한 경희대학에
는 관현악단이 만들어 졌으며, 이들은 수많은 국제세미나에서 크고

작은 역할을 함으로서 조영식의 문화예술외교를 더욱 빛나게 하였다. 대표적 작곡가로는 김동진 교수, 그리고 서울오페라단의 김봉임 단장, 경희중학교의 홍승주 교장 등과 더불어 지속적으로 추진되었다. 먼저, '유엔 평화의 날', '평화의 해' 제정을 마치고 귀국한 직후 어머니께 낭독한 시를 볼 수 있는데, 이는 마치 전쟁에 나간 장군이 전승 후 귀가하여 보고 드리는 것 과 같은 모습을 떠올린다.[115] 이 시의 내용은 다음과 같다.

어머님께 바치는 詩

어머님,
오래오래 사십시오.
당신의 아들이
어머님께서 가르치신 대로
하나님의 분부 말씀 받들어
이제
이 땅에 平和의 기둥을
굳건히 세우고 돌아왔습니다.
해마다
9월의 셋째 화요일을
당신의 아들이
平和의 날로 제정했습니다…
어머님.
저는 이제
바랄 것이 없습니다.
귀하신 어머님이 계시고
어진 아내가 있고
일년, 사철마다
꽃이 피고
새들이 날아와 노래하는

---

115) 車敬燮, 의료법인 성광의료재단 이사장·차병원 원장, "하늘이 내신 효자",인간 조영식박사 101인집 출간위원회, 『미원조영식박사 교단50주년기념 인간 조영식박사 101인집』, pp.412-414.

즐거운 집이 있고
교육으로
고황산에 상아탑을 세워
천하의 영재를 모아 나라의 동량을 키우고
시로써 삶을 기름지게 하고
오대양, 육대주에 벗이 있고,
平和의 날,
平和의 해로
지구마을이 한가족으로
집집마다 平和의 등불,
밝혔으니
어머님,
이제 더 무엇을 바라겠습니까.
平和의 등불,
오래도록 켜지게
바람막이로 서겠습니다.
平和의 횃불이 되겠습니다.
어머님,
더욱 강녕하소서.
平和여,
하나님과 함께 임하시고
인류와 함께 영원히 빛나소서. 116)

1981년 11월 30일
유엔 평화의 날 제정을 마치고
조영식 지음

또한 김동진 교수의 글에서는 시와 음악을 함께 하는 예술적 측면과
떠나온 고향에 대한 추억과 조국사랑을 느끼게 한다. 그는 말하기를 ;

그 분이 지향하는 밝은 사회운동 또는 세계평화를 위한 활동에
나도 음악으로나마 참여하여 그분이 하는 일에 조금이라도 도움

---

116) 차병원 원장인 차경섭은 "하늘이 내신 효자"라고 그를 평가하고 있다. 인간 조영식박사 101
인집 출간위원회, 『미원조영식박사 교단50주년기념 인간 조영식박 사101인집』, pp.412-414.

이 될 수 있으면 하는 마음으로 그분의 사상을 음악으로라도 표현하고자 힘을 쓰며 많은 작품을 만들어 왔다.

국민개창운동으로, 국민가요 형식으로 또는 예술가곡 형식으로 또는 칸타타 형식으로 총장님의 시에 표현된 사상을 음악으로 표현하고자 애썼다. 시에는 여러 형태가 있지만 난해한 것은 해석을 듣지 않고서는 이해할 수가 없는 것도 있다. 또 어떤 것들은 비유를 들어 표시 등 여러 형태가 있을 수 있겠지만 작곡할 수 있는 시는 어려워서는 안 된다. 노래를 듣는 동시에 가사가 음악과 같이 듣는 순간 이해되어야 한다, 그래서 생각할 여유를 주지 않는다. 음악은 연주되는 시간에 이해하여야만 한다. 그래서 작곡할 수 있는 시는 읽어서 곧 이듬이 정리되어야 하므로 직접적이어야 되고 쉬어야 한다. 또 다음 문제는 리듬이 정리되어야 한다. 멜로디는 리듬위에 만들어져야 하기 때문에 리듬의 반복 또는 대조가 잘 맞아야 좋은 선율을 만들 수 있다. 아무리 좋은 시라도 난해하거나 리듬의 통일과 대조가 없는 한 좋은 음악을 만들 수 없다. 그래서 노래를 위한 시는 보통의 시와는 다르다. 아무리 읽어도 생각하여도 악상이 떠오르지 않는 시가 있다, 읽어서 악상이 떠오를 수 있는 시라야만 작곡할 수 있다.

총장님의 시는 교훈적이며 어떤 목적의식이 뚜렷하며 이해하기가 쉬우면서도 높고 깊은 무게가 있는 낭만이 담긴 시들이며, 7·5조보다는 4·4조를 많이 쓰신다. 4·4조는 우리 한국고대로부터 많이 사용되는 음보이다. 리듬적인 면에서도 작곡하기가 쉬우며 읽어서 곧 악상이 떠오를 수 있는 면이 많다. 내가 많은 작곡을 하게 된 이유도 또 큰 칸타타와 같은 작품은 총장님의 위대한 사상과 이상을 음악으로 웅장하게 표현할 수 있는 시들이기 때문에 작곡할 수 있는 용기를 가지게 하여 주었다. 음악은 시간의 예술이기 때문에 듣는 그 시간에 가사의 내용도 이해하여야 된다. 그래서 난해하거나 너무 추상적인 것이나 들을 때 이해할 수 없는 시는 음악으로 표현하기에는 적절하지 않다, 나는 그런 면에서 쉽게 이해되고 높고 깊은 뜻이 있는 시들을 가사로 사용하여 작곡한다.[117]

김 교수는 조 총장께 이런 말을 자주 하였다. "총장님의 시는 읽

117) 김동진, 작곡가·경희대학교 음악대학장, "시와 음악을 함께 하신 분", 인간 조영식박사 101인집 출간위원회, 『미원조영식박사 교단50주년기념 인간 조영식박사 101인집』, pp.273-275.

으면 악상이 쉬이 떠올라 작곡하기가 용이하니 좋은 시를 많이 써 주십시오." 왜냐하면, 살아있는 동안 좋은 예술작품을 남기기 위함이라고 한다. 그래서 그동안 그가 경희대에 몸담고 있으면서 조 총장의 시에 붙인 곡들을 보면 대단히 많다. 예컨대, 국민애창의 모력화, 꿈에 본 내 고향, 캠퍼스의 봄, 평화의 새아침 등을 비롯하여, 잘 살기운동의 노래/밝은사회운동의 노래/밝은사회클럽의 노래/IAUP Anthem/IAUP Song/국민화합의 노래/하나가 되라 등이다. 특히 칸타타는 조영식 총장의 시에 의해 5부로 작곡되었다고 한다.[118]

칸타타「평화」는 세계평화의 해 제정이 결의되는 유엔에서 그 주창자에 의해 탄생된 정신적 표상이다. 제1부「평화의 기도」 1. 평화의 기도/2. 평화의 노래/3. 평화여, 나 그대만을/4. 평화만이 살 길/5. 평화의 새아침/ 제2부「평화의 대합창」 1. 평화의 합창 /2. 평화의 합창 /3. 평화의 합창/4. 평화의 합창 /5. 평화의 합창으로 되어있다.

3. 천부의 예술성과 그 총화

조영식은 다양한 예술적 측면을 평화에로 연계시켰다. 홍승주 교장은 조영식에 대해, "분명 금세기가 나은 불가사의의 위인이요, 그래서 차세기로 가는 무지개 같은 탄탄한 징검다리를 놓는 실로 소중한 불세출의 위인임에 틀림없다." 조영식 총장과 홍승주 교장의 대화를 통해 좀 더 와 닿는 예술적 분야를 볼 수 있겠다. 홍 교장은 조 총장을 연주자로 비유한다.

---

118) 김동진, 작곡가 · 경희대학교 음악대학장, "시와 음악을 함께 하신 분", 인간 조영식박사 101 인집 출간위원회, 『미원조영식박사 교단50주년기념 인간 조영식박사 101인집』, pp.273-275.

결국, 우리는-그 라는-불후의 명곡-심포니를 연주하기 위하여 각기 다른 대소의 악기들을 가지고 무대에 나와 호흡을 맞추며 혼신의 힘을 다하여 각기 특수한 제 음을 소리 내는 연주자요, 주자일수 밖에 없다.

음계를 부르시는 총장님

"네. 총장님. 이번엔 어떤 곡이십니까?"

나는 들뜬 표정으로 물었다.

"평화의 날 기념식에서 부를 <평화의 노래>인데 이번에 새로 작곡을 했지."

"우리 경희여중 합창 반에 주시겠습니까?"

"물론이지!"

이럴 때, 우린 상하의 관계가 아니라 곧잘 허물없는 사제지간으로 척척 아귀가 맞아 들어가고 의기가 투합 된다. 꼭 천진난만한 소년 같으시다.

조영식 시인은 시작(詩作) 노트에서 다음과 같이 말하고 있다.

"천지간에 편만해 있는 삼라만상 가운데

나의 존재는 어떤 것일까?

내가 만물의 영장인 사람이라면 그 가운데서 나는 누구일까?

그리고 나 이외의 눈에 보이는 것과 안 보이는 것들은

모두 무엇일까?

고요히 눈을 감고 이 시간, 명상 속에서 우주를 살펴볼 때 이 세상은 나와 나 아닌 것으로 가득 차 있다.

이것이 시공의 4차원 우주세계라는 것일까?

아니면 우주의 섭리와 성현의 고뇌가 깃들어 있는 속세, 사바세계라는 것일까?

도대체 나는 누구이며 어느 곳에서 어떻게 여기에 왔다가 또 무엇을 위하여 삶의 역정을 걸어 나가고 있으며 결국에는 어느 곳을 향해 가고 있는 것일까?"119)

---

119) "도대체 나는 누구이며 어느 곳에서 어떻게 여기에 왔다가 또 무엇을 위하여 삶의 역정을 걸어 나가고 있으며, 결국에는 어느 곳을 향해 가고 있는 것일까?" 이 구절을 과거에 보지 않은 것이 아니었지만, 3월의 눈 폭풍이 휘몰아치는 UN빌딩이 바라보이는 호텔 - 조영식 박사가 묵었던 ONE ON UN NEW YORK-에서 새벽 4시에 이 구절을 읽으면서 한없이 쏟아지는 눈물을 닦으며, 메모를 하였다. 유엔과 평화를 사랑한 노신사-조영식, 우리는 그를 기억하고 그의 정신과 사상을 계승해야하는 꿈을 가져야 한다. 한사람의 꿈은 꿈에 불과할지 모르지만, 만인이 함께 꾸는 꿈은 실현될 수 있다고.

<하늘의 명상>의 주제는 무엇을 의미하는가. 그것은 평화와 번영으로 귀착되기 위한 노력과 연찬으로 그것은 오직 지구의 영구안녕과 공유공영을 위한 염원이요, 간절한 기도이다.[120]

이러한 조영식의 문화예술성과 정신은 자연스럽게 뉴욕에서 펼쳐지기도 하였다. 세계 모든 일들을 평화로운 측면에 추진하고자 하는 유엔이 있는 뉴욕에서, 앞에서 살펴본 봐와 같이 그는 적지 않은 오페라 공연을 무대에 올렸다. 평상시에 조영식 박사는 항상 늦게까지 학교 집무실에 계셨기 때문에 우리(연령대)가 생각하기는 흔히 '골프'나 혹은 특별한 운동은 못하시는 것으로 생각된다. 그러나 가장 가까운 사람 중의 한 사람으로 조 박사의 차량을 운전했던 남판석 비서의 글은 조 박사의 체육에 관한 또 다른 면모를 알게 해준다. 그는 말하기를:

총장님은 거의 천부적이라 할 정도로 인간과 인류에 대한 깊은 사랑을 지니고 있으며, 그러한 사랑의 실천이 곧 그분 자신의 삶의 보람이며 기쁨이 되고 있다는 것이다. 그분의 사랑하는 모습은 전 인류를 대하는 사랑의 무게로 한 사람 한 사람을 사랑하고, 또 한 사람을 대하듯 깊은 사랑으로 사회와 인류전체를 사랑하신다.

전심전력으로 정성을 기울이시는 성품은 스포츠에서도 다를 바 없다. 1970년이던가, 제주도에서 개최된 국제 수렵선수권대회에 참가했을 때의 얘기이다.

그 대회에는 우리 한국을 비롯해서 미국, 일본, 필리핀, 영국, 태국 등이 참가하여 개인 및 단체로 대회를 치뤘는데, 그전 대회에서 일본이 우승하자 당시 미8군 사령관이 대노하여 이번 대회에서는 꼭 명예를 회복하여 우승하려고 대표선수들에게 강훈련을 시켜 출전하였고, 일본 또한 전년 우승팀의 명예를 지키려 안간힘을 다하였었다. 이윽고 대회가 마쳐지고 마지막 채점시간이 다가

---

120) 홍승주, 韓国文人協会 副理事長 · 国際펜클럽 韓国本部 理事 · 庆熙女子中学校 校长, "천부의 예술성과 그 총화",인간 조영식박사 101인집 출간위원회, 『미원조영식박사 교단50주년기념 인간 조영식박사 101인집』, pp.424-425, 428-429.

와서 각기 자국들의 성적을 집계하고 있었는데 중간점수는 일본, 미국, 한국 순이었다. 그런데 맨 마지막에 총장님께서 포획물을 짊어지고 오시자 우리 한국 대표단은 눈이 휘둥그레지며 일제히 환호성을 울렸다. 결국 총장님의 성적을 합하자 대역전극이 벌어져 우리 한국이 종합우승을 차지하였고 개인상에서도 1,050점으로 450점의 2위를 압도적으로 따돌리고 우승을 하여 우리 대표단 모두 감격에 겨워 목청 높여 만세를 외쳤던 사실은 아직도 기억에 새롭다.

이는 경기에는 정정당당히 임하되 오직 1등이 있을 뿐 2등을 모르는 분으로, 이러한 정신이 모든 일을 성공으로 이끄는 근원이 되고 있다.

그래서 '이상은 천국을 낳고 의지는 역경을 뚫는다.'고 단호히 말씀하셨을 게다.[121]

이처럼 체육을 중요하게 생각했던 그는 학교 창립초기에 '체육과'를 설치 하였으며, 전국적으로 많은 선수와 교수를 배출하였다. 2017년 5월 18일 경희대는 개교 68주년 겸 체육대학 68주년을 맞이하였으며 국제캠퍼스에 종합체육관이 건립되었다.

---

121) 남판석, 경희대 학원장 비서실, "높은 산 넓은 바다와 같으신 어른", 인간 조영식박사 101인 집 출간위원회, 『미원조영식박 사교단50주년기념 인간 조영식박사 101인집』, p.527-532.

3장_대 통일 민간외교의 사례

1. 이산가족 재회를 위한 국제적 서명운동 개최

조영식이 전개한 이산가족 재회를 위한 국제적 서명운동 개최는 통일한국외교에 밑거름이 되고 있다. 현대사회는 시공의 압축 혁명을 통하여 세계는 지구촌이 되어가고 있으며, 서로 돕고 살지 않으면 안 되는 지구공동사회가 되어가고 있다. 그러나 아직도 지구상에는 전쟁이란 이유 때문에 가족이 헤어져 살아야 하고, 생사조차 모르고 사는 사람들이 많이 존재한다. 그 중에서 한국은 제2차 세계대전 후 강대국들에 의해 남과 북이 갈라지게 되었고, 1950년에는 한국전쟁으로 남북 간의 분단은 더욱 경직된 지가 어언 60년이 지난 오늘날까지도 편지왕래는커녕, 생사 확인조차 못하는 비정의 실상을 보여주고 있다. 이 지구상에서 부모, 형제, 자매가 한 나라 안에서 생사확인(편지왕래) 조차 못하는 민족은 한국의 "일 천만 이산가족"

뿐이다. 세계평화는 우선 본의 아니게 떨어져 살아야 하는 이산가족의 재회부터 시작되어야 한다는 판단아래, 이산가족 재회추진을 위해 한국에는 일 천만 이산가족 재회 추진위원회가 GCS 국제총재인 조영식 박사(위원장)를 중심으로 12년 전에 구성되어 지금까지 한민족 간의 재회를 위한 사업을 전개하여 왔다. 이 단체에서는 제1차 사업으로 1983년 9월 한국의 KBS TV를 통해 이산가족 찾아주기 활동을 전개하여 10,180가족을 상봉(재회)시켜 주었다. 제2차 사업으로 남북회담을 통해 1985년 9월에 남한의 "서울"과 북한의 "평양"을 상호 방문하여 불과 몇 십 명의 가족들만이 재회한 후 북한의 일방적인 폐쇄로 재개치 못함을 통탄하여, 1993년에는 제3차 사업으로 "이산가족 재회 촉구 범세계 서명운동"을 시작하였다. 1994년 11월 4일 발표한 집계에 의하면 서명인 총수는 153개 국가, 21,202,192명이란 기록을 내게 되었다.[122] 이는 이산가족 재회의 염원을 모든 이들에게 알리고 하루속히 평화통일이 이룩되기를 기원하는 계기가 되었다. 이외에도 판문점에서 남북 간의 '인간 띠 잇기 운동'을 주창하고 함께 모임으로서 가족과 자녀들도 화합을 일깨워 주는 계기를 마련하였다.

평화통일정책자문위원회 상임위원과 일천만 이산가족재회추진위원회 부위원장을 역임한 이재운 변호사는 남북한 통일의 염원이 얼마나 소중한지를 다시금 인식시켜 주며 그 고통에서 조 박사가 펼친 많은 역할을 독자로 하여금 적지 않는 감동을 자아낸다.

그는 '실향민의 소망을 풀어주실 구세주'에서 말하기를:

---

122) 하영애, 『조영식과 평화운동: 유엔 세계평화의 날 제정의 원류를 찾아서』, (파주: 한국학술정보, 2015), pp.205-205.

이산가족들은 혈육과의 생이별에 수도 없는 밤에 베갯잇을 적셨고, 달 밝은 밤이 되면 멍하니 북녘하늘을 쳐다보며 긴 한숨에 망향의 정을 가늘 길 없어 통곡을 해야 하는 애닯은 날을 보내다 보니 피난 때 장년이던 사람은 이제 한둘씩 한을 품은 채 유명을 달리하고 청년이던 사람은 백발이 성성하며 어버이 손에 이끌려 온 소년소녀는 초로에 접어들고 말았습니다.

1983년 6월에는 한국방송공사 및 대한적십자사와 공동으로 "이산가족 찾기" 사업을 전개하여 피란길에 헤어진 가족들이 재회를 하며 통곡하고 오열하는 모습을 통하여 혈육은 반드시 만나서 함께 살아야 한다는 당연한 진리를 거듭 실감한 바 있습니다.

또 1985년 9월에는 해방 이후 처음으로 고향방문단원 50명이 서울과 평양을 오가면서 헤어진 지 40여 년 만에 혈육이 상봉함으로써 핏줄은 기어코 하나로 이어져야 한다는 진리를 다시 한 번 깨우치는 역사적 사업에 일조를 하기에 이른 것입니다. 뿐만 아니라 위원장님께서는 평소 그분의 신념이라 할 수 있는 국제평화의 기틀을 마련하시려는 국제협력활동의 역량을 북한이 이산가족문제 해결에 좀 더 적극성을 발휘할 수 있도록 국제적인 설득과 압력을 행사하는 방편으로도 활용하시고자 유엔의 '케야르' 사무총장 및 고위책임자 등과 '휠리스·가에르' 국제인권연맹 사무총장과 간부 등 '알렉산더·헤이' 적십자국제위원회 총재, '드라마다' 적십자사연맹 총재 등을 수시로 예방하여 한국의 이산가족문제에 대하여 간단없는 지원을 요청함으로써 국제여론을 환기시키고 다른 한편 우리와 처지가 비슷했던 서독의 내독성 장관을 만나 이산가족재회 문제를 협의하고 그 외에도 프랑스, 영국 등 자유우방의 국가원수와 지도자 및 그 나라 적십자 책임자들에게도 한국 이산가족문제의 비극성과 우리정부의 성실한 노력을 홍보하고 그 나라의 지지와 협력을 요청하는 등 눈부신 활약과 정성을 다한 국제협력활동을 전개하신 바 있습니다.[123)

---

123) 이재운, 변호사·평화통일정책자문위원회 상임위원·일천만 이산가족재회추진위원회 부위원장, "실향민의 소망을 풀어주실 구세주", 인간 조영식박사 101인집 출간위원회, 『미원조영식박사 교단50주년기념 인간 조영식박사 101인집』, pp.365-367.

2. 북한 적십자 대표단을 감동시킨 명연설

1985년 5월 28일 제8차 남북적십자회담 대표단 초청 오찬사에서 일천만 이산가족 재회추진위원회 위원장 조영식 박사는 적십자의 인도주의와 민족화합 정신으로 남북 이산가족 재회사업을 해결해 나가자는 요지의 다음과 같은 감동적인 연설을 했다.

"…친애하는 남북 적십자회담 대표자 여러분!

세계는 바야흐로 21세기를 바라보며 환태평양시대를 열고 있습니다. 이제 세계문명의 중심지는 유럽이 아니라 태평양 연안지역으로 옮겨지고 있습니다. 21세기에 들어서면서부터는 동북아시아를 중심으로 한 종합문명사회가 서서히 열리기 시작할 것으로 내다봅니다.

지금이야말로 우리가 민족의 대화합을 바탕으로 반만년 역사와 문화를 가진 단일민족의 전통을 회복하고 위대한 조국을 창조할 때가 왔습니다.

역사 이래 처음 맞는 세계문명 창조에 '동방의 등불'이 되어 개척자로서의 새 역사창조에 동참하고 기여할 때가 온 것입니다.

이와 같은 보람찬 새 세계의 여명기를 맞으면서 한 민족끼리 부질없이 과거지사나 자기중심적인 이해타산만을 가리며 네가 옳다, 내가 옳다고 하여서는 안 된다고 생각합니다.

우리 모두는 한 형제이며 가족이기에 서로를 이해하고 도와나가면서, 밝은 앞날을 함께 지향하며 설계하고 추진해 나가야 합니다.

민족의 대로를 개척하기 위하여 서로 화합하고 단결해야 할 이 시점에서 우리 동포의 뼈아픈 이산가족문제를 우선 해결해야 한다는 이 말에 또 무슨 구차한 이유나 새삼스러운 설명이 더 필요하겠습니까?

역사 이래 처음 맞은 세계문명의 중심지가 바로 우리가 사는 조국 강토 위에서 펼쳐지려고 하는 이 때, 우리는 너와 나를 넘어서 사소한 문제를 말하지 말고 재회와 화합의 그날을 예비하여 대처해 나가야 하겠습니다.[124]"

---

124) 김종희, 일천만 이산가족재회추진위원회 사무국장, "북한적십자 대표단을 감동시킨 명연설",

남북 대표단이 서로 손을 모아 장내를 진동시킨 박수소리와 함께 연설이 끝나자, 북측 대표단에서는 연설문의 사본을 한 부 달라고 요청했다. 서로 다른 체제와 이념으로부터 자유롭지 아니한 그들에게 그 연설은 충격적이었으며 민족대화합의 물꼬를 트는데 결정적 역할을 하였던 것이다. 조 위원장의 이와 같은 기본적인 원칙이 이산가족 재회운동에 적용될 때, 다른 어떤 덕목보다도 밖으로는 남북의 화합을, 안으로는 국민적 화합을 강조하게 되는 것은 당연한 일이다. 그분 자신이 이를 적극 실천하여, 항상 외로워 백가쟁명인 실향민 사회에서 언제나 자리와 공로를 양보하며 다른 사람을 앞세움으로써, 오히려 이산가족재회운동의 추진력을 강화해 온 지혜를 볼 수 있었다.[125]

여성운동의 한 축을 이루었던 김정례 장관은, 당시 산천초목도 떨게 했던 전두환 국보위위원장 앞에서 당당히 큰 소리 치며 훈계했던 인연으로 보사부장관을 역임하였는데 김정례 총재는 가까운 이웃으로 조 박사와 만났다. 김 총재는 조 박사를 '관직 없는 민간외교 활동가'로 평가한다. 김 총재는 내가 더욱 존경심을 갖게 되는 것은 조 총장님께서는 우리 사회가 앓고 있는 가장 크고 심각한 문제인 동서진영간의 화해문제와 분단 조국의 평화적 통일을 촉진시키기 위해 온갖 심혈을 기울이고 계실 뿐만 아니라, 전 인류적 차원에서 지구촌의 평화 구축을 위해 정열적인 저술활동과 함께 관직 없는 민간외교 활동을 헌신적으로 전개하여 눈부신 업적을 수없이 이룩하신 명실공히 평화의 사도이시기 때문이다.[126]라고 조국의 평화적 통일을

인간 조영식박사 101인집 출간위원회, 『미원 조영식박사 교단50주년기념 인간 조영식박사 101인집』, pp.396-398.

125) 김종회, 일천만 이산가족재회추진위원회 사무국장, "북한적십자 대표단을 감동시킨 명연설", 인간 조영식박사 101인집 출간위원회, 『미원조영식박사 교단50주년기념 인간 조영식박사 101인집』, pp.396-398.

위해 활동하는 조영식을 존경한다고 피력하였다.

백영철 관동대학교 총장은 밝은사회운동을 하면서 조영식 박사와 가까이서 대화하는 기회를 많이 가졌다. 그는 조 박사에 대해 '지성 외교의 큰 별'로 비교하며 유엔에서의 활동과 저서를 통한 온갖 어려운 여건 속에서도 문화외교, 경제외교, 교육외교, 스포츠 외교 등에 인격, 지도력, 재능의 남다른 점을 유감없이 보이고 있으며 이는 어디까지나 그분의 겸허하고 희생적인 품격이라고 격찬한다. 백영철 총장의 글은 조영식이 얼마나 많은 분야에서 다양한 민간 외교활동을 전개했는지를 가늠케 한다. 그의 글 '지성외교의 큰 별'을 참조해보자

> 오래 전부터 의식개조의 정신혁명을 통한 문화세계의 창조 및 새로운 교육을 통한 세계건설만이 인류가 선택해야 할 유일의 길이라는 가르침에 깊이 매료되기도 했다. 특히 이 땅의 교육자로서, 그분이 세운 세계에 유일무이한 평화복지대학원의 창설자로서 조영식 박사님의 눈부신 국제 활동은 지성 외교의 큰 별로서 특기할 수밖에 없다.
>
> 사람은 자기의 흔적을 남기는 존재임을 우리가 익히 인지하고 있는 바이지만, 이 시대의 한국 지성인으로 국제사회에 미친 그분의 영향력이나 기여도가 남다르다.
>
> 1975년 6월 그분이 주창한 밝은사회 국제클럽이 발기되어 세계적으로 확산된 일은 정말 충격적 감동을 안겨 주었다. 지난 달 UN회원국 간의 분쟁이나 국지전을 지켜보면서 일부에서 UN의 무용론이 대두되던 시기에 UN을 통한 세계평화(Pax UN)를 주창하신 선지자적(先知者的) 예견으로 한국판 2+4회담의 필요성을 강조하심으로서 소련과 중국 등지에서 국제회의도 수차 주재하셨다.
>
> 이제 남·북한이 동시에 UN에 가입하게 되었으니 조영식 박사님의 교육이념과 철학의 큰 뜻을 통일된 북한 땅에도 두루 펴시는

---

126) 김정례, 第11, 12代 國會議員·전 保健社會部長官·韓國女性政治聯盟 總裁, "해박하신 평화의 사도", 인간 조영식박사 101인집 출간위원회, 『미원조영식박사 교단50주년기념 인간 조영식박사 101인집』, p.304.

날이 하루속히 오기를 기대해 본다.

　조영식 박사님의 화려한 경력이나 성공적인 삶을 제시 하려는
바 아니나 "문화세계의 창조", "교육을 통한 세계평화의 구현",
"인류사회의 재건", "Oughtopia" 등의 역저에서 표출한 그의 지
성, 신념, 미래사회에 대한 예견은 실로 오늘의 우리에게 깊은 감
동을 안겨 줄 뿐이다. 온갖 어려운 여건 속에서도 문화외교, 경제
외교, 교육외교, 스포츠 외교 등에 인격, 지도력, 재능의 남다른 점
을 유감없이 나타나 보여줌은 어디까지나 그분의 겸허하고 희생
적인 품격의 조심스런 드러남이라고 나는 생각한다. ---겨레와 인
류를 더없이 사랑한 영원한 이 시대의 휴머니스트로 그는 앞으로
도 살아갈 것이다.[127]

그 외에도 조영식에 대해 잃어버린 고향 되찾아 줄 큰 어른, 실향
민의 소망을 풀어주실 구세주로 기억하는 사람도 있다. 예컨대, 곽
응철 장군은, 나는 한 번도 그분이 가족재회·민족화합·평화통일의
그날이 우리가 살아있는 동안에 가능할 수 있다는 확신의 고삐를 늦
추는 것을 보지 못했다. 실향민 지도자나 통일 유관단체들이 모두
그분의 말씀을 칭송하고 각별한 경의를 표해온 데는, 이러한 확신과
더불어 그것이 현실로 될 수 있도록 하기 위한 다각적인 사업을 종
합적으로 추진해 나가는 안목 및 역량에의 신뢰가 결부되어 있다고
본다.[128] 이처럼 일을 추진하되, 실현가능성에 중점을 두고 최선을
다하는 조영식의 적극성과 긍정적인 모습에서 실향민들을 비롯한
주위의 많은 분들이 매료되었음을 알 수 있다.

---

127) 백영철, 國務總理 秘書官·關東大學校 總長, "지성외교의 큰 별",인간 조영식박사 101인집
　　출간위원회, 『미원조영식박사 교단50주년기념 인간 조영식박사 101인집』, pp.489-491.
128) 곽응철, 주월남 건설 지원단장(육군소장)·밝은사회 국제클럽 한국본부 부총재, "잃어버린 고
　　향 되찾아 줄 큰 어른", 인간 조영식박사 101인집 출간위원회, 『미원조영식박사 교단50주년
　　기념 인간 조영식박사 101인집』, p.214.

3. 세계유일의 평화 챔피언

1986년 9월 1일 경희대학교 인류사회 재건연구원에서는 연구원 설립 10주년과 함께 유엔이 정한 세계평화의 해를 기념하기 위하여 "21세기를 바라보는 지구촌 가족"이라는 주제로 국제회의를 개최하였다. 세계적으로 저명한 학자 60여명이 경기도 광릉에 있는 경희대학교의 제3캠퍼스인 '평화복지대학원'에서 개최된 이 회의를 빛내고 있었다. 밝고, 유망한 대학원생들이 모든 회의 참석자들을 맞이하고 있었으며, 당시 참석한 인도의 간디 연구소의 라드하크리시난 소장은 그 로비의 한쪽 벽에 새겨진 마하트마 간디의 어록이 감명 깊었으며 동시에 조영식이 발표한 강연이 후일 제10회 세계평화의 날에 논의되었고 이는 모스크바에서의 결의안으로 채택된 내용을 감명 깊게 제시하고 있다. 그는 말하기를 ;

이 기념식은 500여명의 인사가 참석한 가운데 유엔 총회장을 닮은 강당에서 시작되었으며, 이 기념식의 하이라이트는 경희학원의 설립자이며 총장인 조영식 박사의 기조연설이었다. 그의 연설은 굳은 신념으로부터 비롯된 평화세계를 위한 청사진이라 할 수 있었으며, 인류의 생존 문제를 우려하는 모든 이들에게 던져진 날카롭고도 힘 있는 훈계라 할 수 있었다.

특히 나의 뇌리에 강하게 부딪혀 온 것은 "어느 누구도 전쟁을 통하여 모든 것을 얻을 수는 없으며, 전쟁에 참여한 나라들은 얻는 것보다 잃는 것이 훨씬 많을 것"이라는 조 박사님의 지적이었다. 그는 우리가 평화와 인류번영에 관심이 있다면 인간의 이성과 자원을 총동원하여 전쟁방지에 힘써야 한다고 역설하였다. 나는 그의 연설의 한 마디, 한 마디를 주의 깊게 들었으며 내가 단지 말로만 들어오던 그의 명성이 헛되지 않음을 확인하면서 금방, 어쩔 수 없이 그에게 빠져들어 가고 있었던 것이다. 품위를 갖춘 분으로서 남의 마음을 편하게 해 주는 분이라는 것이었다.

특히 언급하고 싶은 것은 이분이 1991년 5월에 모스크바 평화 회의에서 행하신 "동북아시아와 아태지역에 있어서의 평화, 안보, 그리고 협력을 위한 새 질서의 모색"이란 기조연설과 관련된 것이 다. 이것은 실로 걸프전 이후의 세계질서 수립에 있어서의 중대한 첫 걸음이라고 할 수 있는 것이기 때문이다. 여기서 그는 제10회 유엔 평화의 날을 기념하면서 유엔은 모든 회원국들이 헌장정신 에 입각하여 회원국 간에 전쟁을 하지 못하도록 하고, 모든 회원 국들은 타국에 대한 전쟁 등의 적대 행위를 금하며, 무장해제와 상설 유엔 평화군의 설립을 통하여 전쟁을 방지하자는 등의 실로 중요한 주장을 펼치면서 이를 유엔에 안건으로 제출하여 영구평 화정착결의안으로 통과시켜야 한다고 역설하였다. 이 결의안은 모 스크바 평화회의에서 만장일치로 통과된 것으로 안다.

인간의 잠재력에 대한 강한 믿음을 가진다면 우리에게 닥친 어 떤 도전이라도 흔연히 대적할 수 있다는 강한 신념을 그로부터 확 인할 수 있었다. 그가 설립한 많은 기관들, 그가 펼쳐온 많은 운동 들은 이 뛰어난 한 인간의 비범한 지혜와 지칠 줄 모르는 노력의 놀라운 증거였다. 문득 '조 박사님이야 말로 평화를 위해 싸우고, 승리해온 세계 유일의 평화 챔피언'이라는 생각이 들었다.[129]

분단국가로서 대한민국이 처한 상황을 누구보다도 뼈저리게 느낀 조영식은 그가 북한에서 홀로 남하하였기에(후일 모친과 부인이 남 하함) 부친 조만덕에 대한 그리움과 애환을 고스란히 마음깊이 새기 고 있었다. 그래서 그러한지 조영식의 효심은 끝이 없다. 양평에 마 련한 선산에는 어머니 강국수 묘 옆에 빈 묘소를 하나 더 마련해 두 고 있는데, 언젠가는 부친을 모실 수 있도록 한 그의 마음의 크기이 며 또한 언젠가는 꼭 통일이 되어야한다는 염원의 표시이기도 하다.

---

129) N. 라드하크리시난, 인도 간디연구소 소장, "세계유일의 평화 챔피언", 인간 조영식박사 101 인집 출간위원회, 『미원조영식박사 교단50주년기념 인간 조영식박사 101인집』, pp.457-460.

4장_조영식의 민간외교가 대한민국에 가져온 영향

1. 세계대학총장회의 회장으로 민간외교를 통한 한국의 국격(國格) 향상

　조영식은 세계대학총장협의회를 탄생시킨 장본인으로서 영국 옥스퍼드대학에서 처음 발족한 후, 1968년에 제2차 대회를 한국에서 개최함으로서 '대한민국'의 위상을 세계의 각 국가와 외교관계자 및 석학들에게 직간접적으로 알림으로서 한국의 위상과 나아가 국격을 높이는 단초를 마련하였다. 당시 IAUP 회장 삼마르티노 박사 부부를 비롯하여 6월 13일부터 17일까지 모두 34개국 154명의 대표들이 한국의 이 회의에 참석하였다. 당시 외교사절단이 대사들 명의로 메시지를 보내왔는데 예를 들면, 윌리엄 J.포터(William J. Poter) 주한미국대사, 아이언 클레이턴 메켄지(Ian Clayton Mackenzie) 영국대사, 탕총(唐縱) 자유중국대사, 上川洋 일본대사 서리, 몰데카이 아벨(Mordechai Arbell) 이스라엘 대사 등 20여명은 지성인의 메아리가 온 세계에 뻗쳐나갈 것을 의심치 않는다는 확신을 피력하고, 이 거창한 대회를 한국에 유치한 조영식의 노고를 치하했다.[130] 국내에서는 서울대학교의 최문환 총장이 "이 대회가 교육계의 새로운 지표를 마련하여 공동의 과제를 연구함으로써 상호발전을 이룩하는 계기가 되기 바란다"고 하였으며, 한국예술원장 박종화 박사는 이 대회를 우리나라에 유치한 경희대학을 격찬하며 "국가에서도 주최하기 어려운 세계석학과 대학총장의 큰 모임을 조영식 총장 단독의 힘으로 주관했다는 사실은 우리나라 대학 교육사상 획기적인 새로운 깃발을 날렸다"고 했다.

특히 세계대학총장협의회 서울대회 개막식에 참석하여 축사를 해준 박정희 대통령은 1976년 8월 12일 서신을 통해 "귀하께서 주동이 된 세계대학총장협의회가 발전을 거듭하여 교육을 통한 인류의 평화, 복지 그리고 안정을 이룩하는데 한국 국민과 각국 회원들 간의 유대강화에 이바지하고 있어서 뿐 아니라 한국 국민과 각국 회원들 간의 유대강화에 이바지하고 있는 것을 경하해 마지않습니다. 이 기구를 통해 대한민국의 이미지 개선에 정진해 오신 귀하의 노고를 치하합니다."[131]라고 전했다.

이와 같이 외교사절단, 학술계의 대표들은 물론 최고 통치자까지 조영식의 민간외교의 업적이 가져온 한국의 국격 향상에 대해 높은 평가를 하고 있음을 알 수 있다

---

130) 『경희 50년사 (상)』, (서울 : 경희대 출판국, 2003), p.248.
131) 『경희 50년사 (상)』, (서울 : 경희대 출판국, 2003), pp.248-249.

2. 평화의 실천으로 한국의 UN 가입에 직간접의 영향

진심으로 평화를 염원한 한국인, 조영식은 불가능하게 생각되었던 세계평화의 날 (International Day of Peace)을 가능하게 만들었다.

한국인 조영식은 세계평화의 날 제정의 핵심 공로자로 평화의 중요성과 평화의제를 각 국가에 어필함으로서 많은 지식인과 정부의 관료들이 이에 좋은 반응을 보였다. 미국 워싱턴의 국회의사당에 한국인 조영식의 성조기가 게양되었으며, 수많은 대학의 총장들은 그의 기획력과 열정과 추진력에 경탄하였다. 필리핀의 마뉴엘 피논 총장은 조영식 총장의 업적 중에서도 한국의 UN가입에 대해 격찬하였다. 1960년대부터 1980년대까지 그가 발로 뛴 민간외교관의 족적과 영향은 1991년 한국이 UN에 가입하는데 큰 영향을 미쳤다. 조박사는 믿기 어려운 하나님의 기적이 일어나기를 기도했다. 그는 유엔의 한 회원국으로 한국이 가입되어야 함을 간원했기에 회의에서 그를 위해 말할 동조자를 가질 수 있었다. 그러나 공식 대변인이 없음이 오히려 그에게 유리하게 회의의 찬성을 얻어내게 했다. 왜냐하면 조 박사가 제시한 두 가지 큰 의안이 총회에 부의되었을 때 두 가지 의안은 거의 어떠한 토의나 반대 없이 동의되었기 때문이다.[132]

3. 이산가족의 상봉으로 통일 민간외교의 물꼬를 트다.

북한에서 단신으로 월남한 조영식은 일본 학도병으로 끌려가 죽

---

132) 마뉴엘 피논, 전 필리핀 아퀴나스대학 총장, "냉전의 벽 헐고 화해시대 연 선구자", 『미원 조영식 박사 교단 50주년기념 인간 조영식 박사 101인집』, pp.180-183.

을 고비를 넘겼을 때부터 조국애가 남달랐다. 그는 한평생 조국통일을 염원하였으며 국내 대학에서도, 세계의 석학들을 만날 때도, 국가지도자들을 만날 때도 남북한 통일에 대한 다양한 대화를 주고받았다. 이러한 국가사랑의 정신은 장개석 총통과 만났을 때, 장 총통이 카이로 회담 때 한국 독립을 도왔던 얘기를 듣고 나온 즉시, 당시 그 업무를 도왔던 사람을 찾아가 감사의 뜻을 전하기도 하였다. 그는 한국의 이산가족문제에 대해 전 세계 153개 국가 2천여만 명의 서명을 받아 기네스북 1위에 오르게 하였으며 이러한 굳은 신념으로 이산가족상봉을 이룰 수 있도록 함으로서 해방 이후 처음으로 남북한 이산가족이 서로 만날 수 있는 계기를 마련하고 통일 해방의 물꼬를 터는 계기를 마련하였다.

5장_조영식이 이룬 민간외교의 평가

　조영식이 미국 유엔과 영국, 러시아, 대만, 일본 그리고 중국, 이산가족 및 통일외교에 관한 고찰해 보았다. 각 국가마다 환경이 다르지만, 다양한 민간외교의 성과를 가져왔다고 생각한다. 그가 민간외교를 추진함에는 흔히 사회운동에서 구성하는 4개 요소에 두고 고찰할 수 있겠다. 즉 가치 규범 조직 그리고 행동이다. 조영식은 평화, 교육, 인간, 그리고 인류의 복지를 위한 가치추구와 목표를 가지고 민간외교의 길을 걸어 나갔다. 조영식이 펼쳐온 민간외교에 대해 UN과 IAUP를 통한 교육외교의 성과, 평화외교의 결실, 기조연설, 결의문 및 선언문 채택과 각 국 정책수립에 기여, 그리고 만인이 추앙하는 국제주의자(Internationalist) 조영식의 민간외교가 이룬 공적들로 나누어 볼 수 있겠다.

1. UN과 IAUP를 통한 교육외교의 성과

조영식은 젊었을 때 정치가로서의 꿈을 가지고 있었다. 그러나 그는 이웃나라 일본의 학자이며 게이오 대학을 설립한 후쿠자와 유기치의 사상적 교육적 영향을 받고 교육에 혼신의 힘을 기우리게 되었고 명문사학 경희대학교를 설립하게 된다. 경희대학을 세계적으로 만들 꿈을 가지고 첫 번째 방문한 대학이 시카고 대학이었는데 시카고 대학은 젊은 「로버트 핫친스」총장이 짧은 기간에 유명한 대학으로 발전시켰다. 그의 저서 「Utopia of University」를 구입해 보면서 시카고 대학을 꼼꼼히 살펴보았다. 하버드대, 예일대, 프린스턴 대학 등 그밖에 유명한 미국 대학을 돌아보았으며 대학관련 서적 60여권을 사가지고 와서 독파하였다.[133] 그러나 조영식은 대학을 설립하는 것으로 만족하지 않고 대학교육의 미래적 비전을 구상하고 1965년에 대학총장들을 모아 '세계대학총장회의(IAUP)'를 발족시켰다. 주지하다시피 세계적인 역사학자 영국의 아놀드 토인비, 옥스퍼드대학의 노링턴 총장 등 석학들과 스마트한 기획을 가지고 '교육을 통한 세계평화', '세계대학 교육의 목표' 등을 가지고 추진하고 이루어 내었다. 또한 지속적인 평화를 추구하기위하여 세계대학총장회와 유엔이 협의하여 유엔평화대학을 설립하였다. 코스타리카, 일본, 그리고 경희대학이 실천에 옮겼다. 그 중에 경희대학교 평화복지대학원은 1993년 12월 UNESCO 로부터 상금 6만 달러와 함께 평화교육상을 받았다. 이 대학원은 다수의 학생이 유엔에서 인턴을 하였고 교수, 목사, 평화활동가를 배출하였다.

---

133) 민준기, "내가 잊을 수 없는 사람"(2016. 12. 20. 제출), 밝은사회 서울클럽에서 출간 예정인 제출논문 중에서

2. 평화외교가 이룬 결실

조영식은 평화를 위해 태어난 사람 같다. 그는 북한에서 태생했고 남한에서 생활하였으며 그가 말한 것처럼 두 체재를 직접 체험했던 사람이다. 그 누구보다도 평화에 대한 뼈저린 회한과 갈망을 가지고 있었다. 그러나 그의 평화관념은 일국(一國)의 평화가 아닌 세계의 모든 나라의 평화를 중요시 하였고 추진하였다. 그는 세계평화에 대한 철학과 굳은 이념을 가지고 있었고 그것의 실현을 위해 조직을 운영할 줄 알았다. 대표적인 조직이 세계석학들의 지혜를 모은 IAUP, GCS INTERNATIONAL을 대표로 들 수 있다. 그리고 커다란 결실을 이루어내었다. 코스타리카 산호세에서 개최된 제 6차 IAUP회의에서 '세계평화의 날(International Year of Peace)' '세계평화의 해(International day of Peace)' 의 코스타리카 결의문(Costa Rican Resolution)을 의결하고 이를 유엔에 보내 참가국 만장일치로 통과시켰다.[134] 따라서 1981년 11월 30일 "세계평화의 날"이 통과되었고 각 국가는 1982년부터 매년 9월 21일 (최초 제정당시의 셋째 화요일)을 세계평화의 날로 지정되었고 이를 기념하고 있다. 이날을 제정한 장본인으로서 조영식은 매년 평화의 날에 대해 기념식과 세미나를 개최 하였고, 현재는 조인원 총장이 더욱 확산 발전시키고 있다.

무엇보다 1986년 1월 미국의 레이건 대통령과 소련의 고르바쵸프 양대국 최고지도자는 제3차 전쟁을 막아야한다는데 의견을 모으고 협의하여 1986년을 '세계평화의 해'로 지정하게 된다. 이한빈 박사는 조영식에 대해 세계적 지성인들을 창조적으로 협력하게 했다고 평가하고 있으며 미국의 정치학자 노면 팔머 교수는, "그분이 세계

---

134) UN document number A/36/I.29/Rev.1.

정세의 흐름에 끼친 영향도 심대하였다. 그분은 국제교육과 세계평화 분야에 있어서 많은 사상적, 행동적, 지도자들은 물론 온 세계인들을 고무시켰다. 조 박사님은 국제관계 분야사전(Lexicon)에 '오토피아' '팩스 유엔', 그리고 '지구협동사회(GCS)'라는 신 용어를 추가하신 시대가 낳은 위대한 국제주의자(internationalist)"[135]라고 높게 평가하고 있다.

앞서 고찰하였듯이 또한 그는 다민족 국가인 미국사회에 인종화합을 꽃피운 인도주의적 민간 외교관이었다. 특히 조영식은 유엔을 사랑하였다. 단순한 강한 국가(STRONG NATION)으로서가 아니라 위대한 국가(GREAT NATION)으로서 세계평화가 유엔을 통해 이루어지길 바랐고 팩스 유엔(PAX UN)을 제창하였다. 이러한 유엔에 대한 그의 민간외교는 세계의 많은 국가의 지도자들과 지식인에게 세계평화의 산증인, 세계평화의 챔피온 으로 불리기도 하였다. 그러므로 그에게 '유엔평화상'이 수여되었고, '미국의 국회의사당에 조영식의 성조기가 게양되었다'는 것은 그의 민간외교가 이루어낸 헌신에 대한 결실이라고 하겠다.

3. 기조연설, 결의문 및 선언문 채택과 각 국 정책수립에 기여

조영식은 수많은 결의문과 선언문을 제창하여 청중들과 해당 기관으로부터 열렬한 반응을 얻었으며, 전 세계의 각국 정부와 국제기

---

135) 노먼 D. 팔머, 전 미국 정치학회 회장·미국 펜실바니아 대학 정치학 명예교수, "시대가 낳은 위대한 국제주의자", 『미원 조영식 박사 교단 50주년기념 인간 조영식 박사 101인집』, pp.184-186.

구에 전해져 그들의 정책을 수립하는데 크게 기여하였다고 할 수 있다. 예컨대, 옥스퍼드 결의문 제안 및 채택(1965), 보스턴 선언문 채택(1975), 태국 방콕결의문 채택(1979), 코스타리카 결의문 채택(1981), 모스크바 평화회의에서의 세계 영구평화정착 결의문 (1991)을 비롯하여 제11회 평화의 날에는 Pax UN을 통한 세계평화정착 결의문 제안 채택(1992)하였다. 뿐만 아니라, 모스크바에서는 그의 연설문을 번역하여 35만부를 소련의 중앙과 지방의 관계자들에게 읽혀지기도 했다.

4. 만인이 추앙하는 국제주의자(Internationalist) 조영식의 민간외교가 이룬 공헌

제2차 세계대학 총장회의가 1968년에 한국에서 개최한다고 했을 때 적지 않은 사람이 그곳(한국)에 수도가 나오느냐 영화관은 있느냐 라고 의아하게 생각했다. 기실 국민소득 200불이 되지않는 한국의 현실이었다. 여러 가지의 어려움을 뚫고 한국 경희대학교에서 개최하였으며, 영국 로마클럽과 경희대 인류사회재건연구원이 국제세미나를 개최했을 때 국내외 300여명이 참석하였다. 정부기관, 각 국 대통령, 총장을 비롯한 많은 석학들과 그는 개인적 인간관계를 가지고 있었고, 나아가 [밝은사회 국제본부]를 창립할 때 '국제발기인 77명'의 명단도 역시 수십개 국가들의 많은 인재가 함께 동참한 것을 볼 수 있다.

이러한 조영식에게 세계인들은 진심어린 찬사를 보냈다. '위대한 국보급 인물', '세계 평화 챔피언', '진정한 국제주의자', '능력 있는 지식인', 한편은 그 바쁜 해외일정에도 일개 개인의 병문안을 게을리 하지 않았던 진정한 인간적인 인간! 한국이 유엔이 가입할 수 있었던 숨은 공로자. 그가 있었기에 한국의 국격(國格)이 높아졌다고 세계인들은 말하고 있다.

한 사람이 이룰 수 있는 노력과 능력에 대해 흔히 우리는 각가지의 영예로운 표상을 주기도 하고 또한 받게 된다. 필자가 제시한 이 "<표-5> 조영식의 민간외교가 이루어 낸 공적들은"은 단순히 그가 이러한 수상을 하게 되었다고 자랑하기 위한 것이 아니다. 한 사람의 민간인에 대해 수많은 국가들이, 총 67개의 공적으로 한국인 조영식을 인정하는 것이다. 각 부분에서. 특히 '명예평화 철학 박사', '세계 인류학자대회에서 인류최고영예의 장 수상', "조영식 평화전당"을 헌당한다는 것은 독특하면서도 조영식의 진정한 평화인의 모습을 각인시켜준다.

〈표-5〉 조영식의 민간외교가 이루어 낸 공적들

1962 중화민국 문화포장 수상
중화민국 문인협회 문화 훈장 수상
1965 세계 대학총장회 영예 훈장 수상
1970 홍콩 원동대학교 학술 훈장 수상
1973 필리핀 세인트 루이스대학교의 소드 앤 쉴드(Sword & Shield)훈장 수상
필리핀 바기오 시 행운의 열쇠 수여
한·중 간의 학술 및 문화교류를 위한 조영식 박사의 공을 인정하여 중국문화대학교 에 "경희당(Kyung Hee Hall)"헌당
1974 미국 앤틀란타 시에서 개최된 제1차 세계 인류학자대 회에서 인류최고영예의 장 수 상
1975 미국 네바다주 라스베가스 시 행운의 열쇠 수여
Civitan 국제클럽 특별상 수상
중화민국 대북시 행운의 열쇠 수여
일본 오오사까 상업대학교 학술대상 수상
가봉공화국 정부로부터 공로 훈장 수상
대한민국 정부로부터 국민 훈장 모란장 수상
미국 주립대학 연합회로부터 국제 고등교육 지도자상 수상
미국 보스턴에서 개최한 제4차 세계 대학총장회의에서 세계학술대상 수상
미국 휴스턴대학교 대학장 수상

1976 자유중국 적십자사 총재로부터 명예훈장 수상
1977 터키공화국 적십자사 총재로부터 명예 훈장 수상
　　　중화민국 국립 성공대학교 대학장 수상
　　　대한민국 예비군 방위 훈장 수상
　　　이란 수상으로부터 고등교육 국제 지도자상 수상
　　　Civitan 국제클럽 총재로부터 영예지도자상 수상
1978 브라질 교육협회 안나네리 훈장 수상
　　　이란 정부로부터 왕관 훈장 수상
　　　한·미 간의 우호 증진에 대한 조영식 박사의 공을 인정하여 미국 본타나 주 정부가
　　　"한국 우정의 주간" 선포
1979 필리핀 정부로부터 라칸 오브 시카투나 훈장 수상
　　　태국 스리나카린위로트대학교 최고 훈장 수상
　　　중화민국 웨스트레이크 상공대학 영예장 수상
　　　미국 존 듀이 재단 명예 훈장 수상
1981 코스타리카 산호세에서 개최된 제6차 세계 대학총장 회의에서 세계평화대상 수상
　　　미국 코넥티커트 주 뉴브리튼 시 명예시민증 수여
　　　한국 사학재단 연합회 봉황 훈장 수상
1983 중화민국 정부로부터 문화 훈장 수상
　　　중화민국 고웅시 행운의 열쇠 수여
　　　함마슐트상 문화대상 수상
　　　중국 최고문화훈장
1984 국제문화협회로부터 평화통일 학술대상(학술부문) 수상
　　　UN 사무총장으로부터 UN 평화 훈장 수상
1985 조영식 박사의 교육을 통한 세계평화와 이해증진에 대한 공을 인정하여 알래스카 주
　　　정부 "한국·알래스카 교육 협력의 달" 선포
1986 프랑스령 폴리네시아 대통령으로부터 국가 훈장 수상
　　　국제 키비탄 클럽 최고 명예 훈장 수상
1987 대한민국 정부로부터 국민 훈장 동백장 수상
　　　멕시코 과달라하라에서 개최된 제7차 세계대학총장회로부터 세계문화 대상 수상
　　　멕시코 시티의 훈장 수상
1988 해외의 무료의료 봉사단을 파견하여 인도주의 정신을 고양시킨 공을 인정받아 대한
　　　민국 적십자사로부터 박애장 금장을 경희의료원에 수여케 함
　　　중화민국 정부 최고 화하훈장 수상
1989 Civitan 국제 클럽 제 69차 총회에서 세계 시민상 수상-미국, 시카고
　　　조영식 박사의 세계평화구현에 기여한 공로를 인정하여 1989년 8월 10일 미국 국회
　　　의사당에 조영식 박사의 이름으로 성조기 게양
1990 멕시코 과달라하라시 명예시민증 수여
　　　아르헨티나 빨레르모대학교에 대한 조영식 박사의 공을 인정하여 "조영식 평화강좌"
　　　개설
　　　빨레르모대학이 세계평화에 대한 조영식 박사의 공을 인정하여 "조영식 평화전당"
　　　을 헌당
　　　멕시코 소재 과달라하대학이 세계평화에 대한 조영식 박사의 공을 인정하여 "조영식
　　　평화강당"을 헌당
　　　미국 아인시타인 국제재단이 평화훈장 수여

자료출처: 『경희50년사』, 『인간 조영식 박사 101인집』 참고

5. 밝은사회 국제클럽(GCS International)을 통한 '잘살기 운동' 전개

조영식은 1975년 보스턴에서 개최된 제4차 세계대학총장회의에서 밝은사회운동의 중요성을 제기하였고, 이에 밝은사회 국제클럽 (GCS International)이 한국에서 발족되었다. 이 이론은 그의 저서 오토피아(Oughtopia)에서 핵심적으로 주장하고 있는데 밝은 사회운동(GCS)조직을 통해 한국은 물론이고 세계 여러 나라에서 추진되고 있다. 오토피아는 인간의 임무를 '대외적으로 봉사'하는 데에 두고 있다. 이 대외봉사의 한 가지 내용으로서 조영식은 국제봉사를 위해 '밝은 사회 국제본부'와 '한국본부'를 설립하고 오토피아라는 이상 사회(理想社會) 건설을 추구해 왔다. 다시 말하면, 오토피아라는 당위적 요청사회를 이루기 위한 조직체로서 밝은 사회클럽을 만들고 그

이념을 실천해나가고 있는 것이다. 조영식은 밝은 사회운동의 이념과 기본철학에서 이러한 뜻을 밝히고 있다. 밝은 사회운동이란 '문화세계'의 창조를 통한 인류사회재건 운동과 제2의 르네상스 운동을 전개하여 물질이 정신과 조화롭고, 개인의 관심이 공동체의 윤리와 조화를 이루어 인간이 인간답게 사는 사회를 건설하는 시민운동, 사회운동이다. 이 밝은 사회운동은 1978년 한국에서 처음 창립되었으며 현재 국내에는 약 150여 개의 단위클럽이 결성되어 있고 외국에서는 미국, 독일, 일본, 중국을 비롯하여 40여 개 국가에 밝은 사회클럽이 조직되어 활동하고 있다. '라이온스 클럽'(Lions Club)과 '로타리 클럽'(Rotary Club)이 미국에서 한국으로 파급되어 왔다면 '밝은 사회클럽'(GCS Club)은 한국에서 미국과 세계 각국으로 진출하여 전개되고 있다고 하겠다. 예를 들면 1997년 5월17-18일 서울 'GCS 연차대회'에 참석한 각 국가 본부는 콜롬비아, 하와이, 로스엔젤레스, 중국 동북 성, 일본, 아르헨티나, 그리고 대만 등으로서 국가별 다양한 활동상황을 발표하였다. GCS 콜롬비아 클럽에서는 밝은 사회이념을 교육하기 위해 '제2의 르네상스'란 과목을 보고타(Bogota)에 위치한 임파우 대학(IMPAU University)의 정규과목으로 설강하고 GCS활동소식지 발행 등을 보고하였다. GCS 하와이 클럽은 환경보호와 약물방지 운동을 매스컴(KBFD-TV)과 한국 신문에 정기적으로 보도하고 회원들이 의복을 직접 제작하여 배포하는 등의 봉사를 실행하였다. 특히 중국의 동북지역 클럽의 활동보고서에 따르면, 의술을 가지고 있는 의사회원들이 협력하여 가난한 이웃을 위해 의료봉사를 하였는데 작은 병원도 건립하여 지속적으로 진료를 해주었다. 이외에도 2003년도의 'GCS 인도 대회', 2005년도의 'GCS 필리핀 대회', 2007년도의 'GCS 태국 대회'등에서도 많은 국제회원들이 참석하였다. 특히 인도대회에서는 당시 인도의 지진피해를 돕는 행사를 전개하였다. 즉, 당시 인도의 지진피해를 돕기 위해 수 천 톤의 의류, 신발, 구호물품들을 국내외적으로 거두어 전달하였으며, 현장에서도 즉석 모금운동을 전개하였다. 또한 쓰나미 재난, 중국 쓰촨성 지진 이재민 돕기 운동을 전개하여 성금을 전달하였다.[136] 특히 '밝은 사회를 위한 L.A 다민족 지도자 한국연수프로그램(Multi-cultural Leadership Korea Visitation Program)'은 'GCS국제본부'와 미국 'GCS L.A. 클럽'이 공동으로 1997년부터 시행하고 있는데 이 행사는 캘리포니아 남부의 다양한 인종집단간의 갈등을 해소하고 다민족 간에 상호이해와 화합을 증진시켜 밝은 사회를 이루기 위한 목적으로 추진되고 있다. 이 프로그램은 2016년까지 총 18년 동안 매년 시행하고 있으며 연간 5,000만원-6,000만원이 소요되며[137] 다민족 청년지도자들의 좋은 호응을 얻고 있다.

특히 밝은사회 한국본부 심호명 총재는 조영식의 밝은사회 운동 중 '잘살기 운동'에 중점을 두고 다양한 활동을 실천에 옮기고 있다. 예컨대, 심호명 총재는 6.25동란 당시 미국에서 참전한 용사들 덕분으로 한국이 이렇게 잘살고 있다고 생각한다. 한국의 정부나 재향군인회 등 에서는 그때 도와준 장교와 사병 등 군인들을 한국에 초청하여 환대와 축하를 하고 있는데, 우리는 미주지역의 병상에서 신음하고 있는 당시 한국전쟁에 참여했던 환자들을 현지에 가서 위문하고 있다. 이들은 현재 무연고자들로서, 어떤 사람은 이미 90세이다. 2007년부터 시작하여 올해 10년째 이일을 하고 있는데 누가 알아주든지 아랑곳 하지 않고 실천하고 있다. 처음 갔을 때는 왔네. 하였고

---

136) 하영애, 『조영식과 평화운동』, (파주: 한국학술정보 (주), 2015), p.68.
137) 밝은사회 국제본부 허종 상임부총재의 "제34회 밝은사회 지도자 수련회"특강 중에서, 2017.
　　4. 14.-15. 제주도 새마을 금고 연수원.

두 번째 방문 했을 때는 또 왔네 하다가 세 번째는 정말 오네. 라면서 감격하여 서로 껴안고 눈물을 흘리게 되었다. 약 10여명이 꾸준히 이 활동에 참여하고 있으며, LA지역 선후배들도 호응하고 있으며 2017년 9월에도 추진할 계획을 세우고 있었다.138) 이처럼 심 총재는 밝은사회 운동의 잘살기 운동에 역점을 두고 과거에 우리가 받았던 것을 이제는 우리가 그들에게 작은 도움이라도 줘야한다고 힘주어 말하였다. 그의 보이지 않는 곳에서의 실천들은 밝은사회 국제본부와 한국본부의 전국 회원들에게도 적지 않는 귀감이 될 것이다. 이러한 내실 있으며 보이지 않는 봉사의 정신 때문에 밝은사회클럽이 결성된 이후 처음으로 제주도에서 개최한 '밝은사회 전국지도자 수련회'에서는 예상외로 3백여 명이 참석하는 성과를 거두었다.

이처럼 조영식이 주창한 밝은사회운동은 현재에도 세계 각국의 잘살기 운동으로 실천에 옮겨지고 있으며, 또한 점차 희망과 보람을 갖는 생활을 통해 인류복지에 다가가고 있다고 하겠다.

---

138) "제34회 밝은사회 지도자 수련회" (2017. 4. 14.-15.)제주도 새마을 금고 연수원. 밝은사회 한국본부 심호명 총재와의 인터뷰. 2017. 4. 15. 08:30-09:00

제4부

조영식 민간외교와 관련한 미래의 과제

이처럼 조영식이 일구어 낸 국내외적인 다양한 민간외교에도 불구하고 아직 부족한 것이 몇 가지 있다. 그것은 바로 다음의 두 가지로 제시할 수 있다. 즉, 못다 이룬 통일의 민간외교와 세계적 평화인 조영식에 대해 '조영식의 평화 기념탑과 조각상' 건립 제의이다.

1. 못다 이룬 통일의 민간외교

세계평화의 달이 선포된 지 36년, 평화의 해가 선포된 지도 31년이 되었다. 그러나 아직도 남북한은 통일이나 화합은커녕 점점 더 멀어져가고 있는 상황이다. 그간 조영식이 실천한 '이산가족 재회기념 추진 사업'으로 남북한의 가족들이 헤어진 지 처음으로 그것도 극히 부분적으로 만남을 가졌다. 그러나 그 숫자는 제1차 재회에서 10,180 가족, 제2차 재회에서 50가족 등에 불과하여 조영식은 이를 지속적으로 개최하기 위하여 '일천만 이산가족 재회를 위한 서명운동'을 전개하여 세계 153개 국가에서 2천만여명이 동참하여 세계기네스 북 1위에 올랐다.

이러한 굳은 신념을 가지고 적극적인 남북통일에 대한 민간외교를 펼쳤음에도 불구하고 현실적으로 우리는 아직도 분단국가에서 벗어나지 못하고 더욱 심각한 대치상황에 빠져들고 있다.

현대그룹의 정주영 회장은 소 500마리를 끌고 북한을 간적이 있다. 조영식과 같이 조국을 사랑한 그는 다양한 조영식의 업적을 언급하면서, "나는 때때로 조 박사의 그와 같은 저력이 어디서 원동력을 얻는지에 대해 생각해 보곤 했는데, 그것은 아마도 조박사의 변함없이 나라를 아끼고 사랑하는 정신에서 말미암은 결과가 아닌가 싶다."139) 고 주장하였다.

조영식이 말한 대로, 동북아시아를 중심으로 한 종합문명의 중심지가 한반도로 오고 있는 기회를 져버리지 말고 분단 조국의 평화적 통일을 이룩할 수 있도록 해야 한다. 그래서 그가 못다 이룬 통일의 민간외교가 꼭 달성 될 수 있도록 정부, 학자, 기업인, 그리고 NGO 및 우리국민 들도 다각적인 노력으로 이루어 내도록 해야 한다.

2. '조영식의 평화기념탑과 조각상 건립' 제의

우리의 속담에 "호랑이는 죽어서 가죽을 남기고 사람은 죽어서 이름 석자를 남긴다"라는 말이 있다. 필자는 금년 3월 12일부터 17일까지 뉴욕 유엔본부에서 개최된 제61차 여성지위위원회CSW(Commission on the Status of Women, CSW)에 참여하는 동안 유엔본부 건물안에 세워진 몇몇 인물의 사진과 흉상에 많은 관심이 갔다. 이분들은 어떻게 여기 이렇게 세워져 후세들의 귀감이 되고 있는가? 한국인

---

139) 정주영, "교육입국 실천한 국제평화의 지도자", 인간 조영식박사 101인집 출간위원회, 『미원 조영식박사 교단50주년기념 인간 조영식박사 101인집』, p.115.

조영식 만큼 UN과의 다양한 협력과 특히 세계의 평화를 위해 많은 활동과 민간외교를 한 사람은 없다고 생각한다. 위즈너 유엔사무차장은 조영식에 대해, "일생의 역사와 업적을 통하여 조영식 박사 이상으로 유엔 헌장 정신에 충실하게, 그리고 평화를 위해 생애를 바쳐 진력한 사람은 달리 찾아볼 수가 없을 것이다."140)고 하지 않았던가?

그는 세계 제3차 대전이 발발할 수 있는 급박한 국제사회에서 '세계대학총장회의(IAUP)'의 의장으로서 1981년 '세계평화의 날'을 제정하는데 실질적인 역할을 하였다. 그 결과 미·소 양대국의 최고지도자로 하여금 평화의 중요성을 실감하고 협력을 이끌어 내어 1986년을 '세계평화의 해'로 지정하는 역할을 하였다. 본문에서 여러국가의 대학 총장들이 조영식의 사상, 철학, 모범적행동의 실천활동에 대하여 소상히 설명하였고, 그들이 조영식을 만난 것을 평생 가장 보람으로 생각하는 적지 않은 지식인들의 소감들을 고찰해보았다.

교육외교가, 평화외교가, 문화예술외교가, 잘살기 운동을 펼치고 인종주의의 화합을 주장하며 미주에 꽃피운 인종화합의 산 증인 조영식, 그는 모든 것을 이론화, 기획화, 체계화, 조직화, 그리고 실천화 하였다. 뿐만 아니라 당시 한국은 '유엔에 미가입 상태', '국민소득 200불 미만의 빈곤 국가', '3.8선 분단 국가', '민주화 초기 국가' 등등의 여러 가지 어려움을 극복하고 한국의 국격을 향상 시키고 국제평화에 공헌해온 '무관직 민간외교관'의 길을 걸어온 그에게 '조영식 평화기념탑과 조각상 건립'을 제의하고 반드시 이루어야한다고 주장한다. 한사람의 꿈은 꿈에 불과 하지만 만인의 꿈은 실현될

---

140) Eugeniusz Wyzner, "Dr. Young Seek Choue, The Man Who Coined 'Pax UN'", *Global Leader with Great Vision,* The Publication committee of Global Leader with Great Vision (Seoul: 1996), p.64.

수 있다. 바라건대, 그 장소는 유엔본부 앞의 '루즈벨트 섬(Roosevelt Island)[141] 이나, 그가 그토록 사랑한 유엔본부 안의 작은 정원이면 더욱 바람직 할 것이다.

---

141) 필자는 그 당시 뉴욕시에서 한인회장을 역임한 한창연 변호사와 평화와 유엔을 사랑한 조영 식박사얘기를 나누었으며, 이 나의 작은 꿈, 만인이 이 꿈을 함께 가지면 이루어질수 있다는 신념을 가지며 그 장소에 대해 이야기했고, 한 변호사로 부터 루즈벨트 아일랜드를 소개받고, 김미성박사와 함께 눈폭풍으로 유엔본부의 모든 회의가 하루 중단되는 그날 (2017. 3. 15.) 그곳을 방문 겸 답습하였다. 실로 가슴뛰며 설레이는 마음이었다. 이 루즈벨트 아일랜드는 유엔본부에서는 곧 바로 바라보이는 긴 강이며 그 경치는 참으로 아름답다. 물론 ONE ON UN NEW YORK 호텔의 고층에서 바라보는 새벽과 야경의 황홀함은 특별한 의미를 가진다.

하영애

건국대학교 정치외교학과 졸업
건국대학교 대학원 정치학 석사
국립대만대학교(National Taiwan University) 정치학 박사
경희대학교 후마니타스칼리지(Humanitas College) 교수
북경대학(2010), 청화대학(2011) 방문교수
사단법인 밝은사회국제클럽한국본부 서울클럽 회장
사단법인 한중여성교류협회 회장
사단법인 한중우호협회 부회장
민주평화통일 자문위원회 위원
고등 검찰청 항고심사회 위원 (역임)
재중국 한국인회 자문위원 (역임)
한국여성단체협의회 이사, 국제 관계 위원장 (부회장 역임)

대만을 생각한다, 2016.
조영식과 사회운동, 2016.
조영식과 이케다 다이사쿠의 교육사상과 실천, 2016.
조영식과 평화운동, 2015.
한중사회 속 여성리더, 2015.
韓中 사회의 이해, 2008.
臺灣省縣市長及縣市議員 選擧制度之硏究, 2005.
밝은사회운동과 여성, 2005.
지방자치와 여성의 정치참여, 2005.
중국현대화와 국방정책, 1997.
한국지방자치론(공저), 1996.
대만지방자치선거제도, 1991.

조영식과 민간외교

초판인쇄 2017년 5월 18일
초판발행 2017년 5월 18일

지은이 하영애
펴낸이 채종준
펴낸곳 한국학술정보㈜
주소 경기도 파주시 회동길 230(문발동)
전화 031) 908-3181(대표)
팩스 031) 908-3189
홈페이지 http://ebook.kstudy.com
전자우편 출판사업부 publish@kstudy.com
등록 제일산-115호(2000. 6. 19)

ISBN 978-89-268-7940-5 93340